2~3岁叛逆期，妈妈情商课

Rebellious period

王莉◎著

朝华出版社
BLOSSOM PRESS

图书在版编目（CIP）数据

2～3岁叛逆期，妈妈情商课 / 王莉著. -- 北京：
朝华出版社，2019.7
ISBN 978-7-5054-4510-9

Ⅰ.①2… Ⅱ.①王… Ⅲ.①幼儿教育—家庭教育
Ⅳ.①G781

中国版本图书馆CIP数据核字(2019)第112285号

2～3岁叛逆期，妈妈情商课

作　　者	王　莉

选题策划	王　剑
责任编辑	韩丽群
责任印制	张文东　陆竞赢
封面设计	异一设计

出版发行	朝华出版社		
社　　址	北京市西城区百万庄大街24号	邮政编码	100037
订购电话	（010）68996618　68996050		
传　　真	（010）88415258（发行部）		
联系版权	j-yn@163.com		
网　　址	http://zhcb.cipg.org.cn		
印　　刷	三河市三佳印刷装订有限公司		
经　　销	全国新华书店		
开　　本	710mm×1000mm　1/16	字　　数	214千字
印　　张	14.5		
版　　次	2019年7月第1版　2019年7月第1次印刷		
装　　别	平		
书　　号	ISBN 978-7-5054-4510-9		
定　　价	35.00元		

前 言

如果你的家中正有一个 2~3 岁的小宝贝，那么你对这样的场景一定不会陌生：

睡觉的时间到了，你跟正看动画片的孩子商量："宝贝，明天再看，眼睛该休息了。"孩子很可能"哇"的一声就大哭起来，作为妈妈的你，面对此情此景，会怎么应对呢？有的妈妈要么一气之下"啪"的一声毫不留情地关掉电视，要么就是采取妥协的姿态，哄着孩子说："好了好了，再看两集吧。"

这样类似的场景也许是身为 2~3 岁孩子的妈妈们每天都会遇到的棘手难题吧，面对这些难题，你总是采取"强硬"或者"妥协"这两种极端的方式来解决问题吗？要知道，这一切困惑背后，还有一个非常棒的解决办法，那就是努力让自己成为一个高情商的妈妈。

美国著名心理学家丹尼尔·戈尔曼在《情商》一书中提到："你让人舒服的程度，决定着你所能抵达的高度。"教育孩子也是如此，面对孩子身上出现的形形色色的"问题"，妈妈们操着冷冰冰的"手术刀"，居高临下地对着孩子就是一顿挥舞，结果孩子变得越来越叛逆，妈妈自己也会变得无比挫败和失落。

作为一个高情商的妈妈，唯有让孩子的内心"舒服""顺畅"了，他才会心甘情愿地听从你的教导和建议。要想获得这个美好的结局，妈妈首先一定要了解 2~3 岁孩子的心理特征。

要知道，孩子自从呱呱坠地以来，经过两三年时间的成长，他们的语言能力和生活自理能力都上了一个新的台阶，他们不再满足于爸爸妈妈完全地安排他们的所有生活，而是开始有了一定的自我意识，逐渐意识到"我"和别人的区别，这个时候的孩子，觉得自己是个了不起的"小大人"，当爸爸妈妈的想法与他们不同时，他们就会变得有些焦虑，急于通过反驳和抗议来表达自己的意见。

如果你仔细观察，就会发现，2~3 的孩子最爱说"不"，这个"不"字，恰恰表明他们进入了一个新的成长阶段，能够通过表达不同的意见来确认自我价值的存在了，妈妈们看到孩子的这些表现，应该高兴，而不是烦恼。

当妈妈提出我们看完电视就去睡觉吧，他就会坚定地说："不！"然后你告诉他："再看一集就睡觉好吗？"他依然会坚定地说："不！"

那么，如果碰到这样的情景，高情商妈妈会怎么做呢？她会蹲下来，温柔而坚定地对孩子说："宝贝，妈妈知道你不能再继续看电视一定很伤心，不过没关系，你如果觉得伤心的话就先哭一会儿吧，妈妈不会怪你的。但是，宝贝，等你哭完，妈妈还是会跟你好好谈一下，现在这个时间，我们究竟是应该继续看电视还是应该关掉电视上床睡觉，好不好？"

高情商的妈妈，会站在孩子的角度考虑问题，以理解的心态向哭泣中的孩子伸出友好的橄榄枝，妈妈只有让孩子的情绪舒畅了，他才可能用心听清楚你接下来要说的话。

在高情商的妈妈眼里，孩子的每个行为背后都可能存在着积极的意图，她们绝对不会给孩子随意贴上"太笨""淘气""撒谎""任性"等负面标签。要知道，不被信任的感觉很糟糕，那种感觉就是，当你正用心地为他做一件事情时，他却觉得你在背着他做什么坏事情。因此，作为妈妈，面对孩子一些看似错误的举动时，千万不要着急下定义，给他贴上"坏孩子"的标签。也许，你会误解他原本的好意图。

当孩子大哭大闹的时候，高情商的妈妈会想："孩子是不是遇到了什么伤心的事情，我得好好跟孩子聊一下。"当孩子对别的小朋友炫耀说"我的爸爸真的是一个超人耶"，高情商的妈妈会明白，2~3岁的孩子，尚不能分辨清楚幻想和现实的区别，他觉得自己的老爸是宇宙无敌的"超人"，那么老爸便是喽；孩子不小心弄丢了一个心爱的玩具娃娃，她哭得昏天暗地，高情商的妈妈一定会明白，在孩子的眼里，那个娃娃就是她的亲人和朋友，你买个一模一样的娃娃回来，她也未必会开心……孩子的这些心理学秘密，身为妈妈的我们究竟了解多少呢？

有人会说，情商再高的妈妈，肯定也会有情绪失控的时候，不可能总保持那么好的修养！不错，情商再高的妈妈，都会有情绪失控的时候，会忍不住放大孩子的一点点错误，也会忍不住借故狠狠地斥责孩子一番，但是，她们会时刻提醒自己：在自己发脾气时，自己和孩子其实都是情绪的受害者；夫妻吵架时，一定不能迁怒于孩子，因为孩子是无辜的；再烦的时候也要尽量保持耐心，孩子虐我千百遍，我也要待孩子如初恋；看见孩子犯了错误，也会深呼吸提醒自己"冷静下来再说话，一定要冷静"。

不错，高情商的妈妈也会烦恼，也会生气，但她会不断修身养性，掌握不动气、不娇纵，和善与坚定并行的正面教养法，即使生气，她也不会轻易剥夺孩子表达情绪的渠道，即使不忍心，她也会坚定地拒绝孩子不合理的要求，会在规则和底线之内，尽力给予孩子理解、温暖和安慰。

高情商的妈妈，永远能够轻而易举地走进孩子的内心，和孩子站在情感的一头，共同面对孩子成长过程中的一切错误和问题，从而使双方都能够在错误和问题中学会成长和承担。

如果你是一个2~3岁孩子的妈妈，请认真地读完这本有关妈妈情商的育儿书，学会以理解的姿态去接纳孩子人生中的第一个叛逆期吧，要知道，妈妈只有无条件地接纳了叛逆期的孩子，孩子才有可能真正接纳叛逆期的自己。

目 录

第一章　生命之初的头三年，影响孩子一生

3岁之前，是孩子的语言能力、生活自理能力发展的关键期，同时也是孩子性格养成的关键期，妈妈们一定不能错过这个阶段。尤其是2~3岁，更是关键中的关键。2~3岁的孩子，渴望交到自己的好朋友，在与好朋友的交往中，他们学会了排队、等待、礼让等一些最基本的社会规则。当然，这一阶段孩子也会出现一些"占有欲过强""不愿意分享""凡事和妈妈顶嘴"等小问题，对此，妈妈们不用过度焦虑，因为这些正是2~3岁孩子的正常表现，妈妈们要做的是耐心引导。

第二章　高情商的妈妈更容易培养出优秀的孩子

好孩子不是打出来的，而是高情商的妈妈教出来的。一个高情商的妈妈，从来不会吝惜对孩子的表扬；孩子犯错时，她会时刻提醒自己管理好情绪，温和地与孩子进行沟通；孩子遇到难题时，则会耐心地引导孩子，与孩子共同寻找解决的办法。要知道，妈妈的情商越高，培养出来的孩子就会越优秀哦！

第三章　如何与孩子有效沟通

高情商的妈妈一定是一个"会说话"的好妈妈，同样的问题，高情商的妈妈会把"批评"变成"鼓励"，会把"唠叨"变成"建议"。总之，她们会换位思考，站在孩子的立场倾听孩子的心声，然后再用真挚的话语说进孩子的心坎里。这样的沟通和教导才是一个高情商妈妈最应该做的。

第四章　妈妈如何控制好自己的情绪

生活和工作不总是尽如人意，妈妈们每天都可能被各种各样的事情影响到自己的情绪。但高情商的妈妈会提醒自己时刻管理好自己的负面情绪，因为她们知道，当自己发脾气的时候，自己和孩子都会受到深深的伤害，而且发脾气本身对解决问题没有任何帮助。要知道，妈妈的情绪越差，孩子有可能因此变得更抵触，更叛逆。

第五章　2~3 岁叛逆期，妈妈一定要懂点儿童心理学

2~3 岁，是孩子面临的第一个叛逆期。处于这个叛逆期的孩子会出现很多让妈妈们头疼的问题，比如：孩子可能变得爱发脾气，一点小事就能让他瞬间大哭大闹起来；孩子会变得特别任性，想看动画片就得立即看，否则就会撒泼哭闹；甚至，这个阶段的孩子还可能会出现撒谎的小毛病，不想做妈妈让他做的事的时候就对妈妈说自己"肚子疼"……这些让妈妈烦恼的叛逆问题，背后隐藏着哪些心理学秘密呢？

第六章　不打不骂，让孩子学会承担

"打是亲，骂是爱"这个最大的教育谎言，究竟骗了多少中国父母？2~3 岁的孩子，已经有了面子和自尊，一旦被当众责骂，孩子很有可能会变得更加逆反。不仅如此，惩罚还会剥夺孩子本该承担错误的勇气，导致孩子学着去逃避问题，而非承担责任，而且他还有可能因为害

怕大人的严厉惩罚，试图用"撒谎"来掩盖自己的错误。那么，除了惩罚之外还有其他有效的教育措施吗？

第七章　不动气、不娇纵，和善与坚定并行的正面教养法

当 2~3 岁的孩子做出让你伤心气愤的举动时，千万别急着给他扣上"坏孩子"的帽子，那是因为你有可能由于不了解孩子的内心想法，而对孩子做出错误的评价。那么，妈妈应该如何了解孩子行为背后的真实意图呢？当孩子泪流满面地想要得到一件心爱的玩具时，你会一时心软答应他的请求呢，还是会冷漠坚决地拒绝他的请求？当你面临这些困惑时，不妨好好地了解一下不动气、不娇纵，和善与坚定并行的正面教养法。相信你一定能够找到解决这些困惑的答案。

第八章　好孩子是夸出来的

　　"好孩子都是夸出来的"，这句话有一定的道理，但是，夸奖也需要一定的技巧，不是靠一句简单的"你真棒"就能达到预期的效果。孩子长得漂亮，妈妈如果只是一味地夸奖她的美丽，那么很容易让孩子将关注点放在自己先天的优势，而非后天的努力上，显然，这是一种错误的夸奖方式。对于高情商的妈妈而言，"夸奖"是一个需要讲究艺术的本领，面对 2~3 岁孩子，如何正确运用奖励，物质奖励的比例占多大，孩子最需要的奖励是什么，等等，这些问题都需要高情商的妈妈们认真地思考。

第九章 接纳孩子，是对孩子最有效的管教

每个来到我们身边的孩子都是可爱的小天使，尽管这些小天使身上都带着这样或那样的不完美，但是我们要做的事情仍然是努力地接纳他们的不完美，然后尽可能地引导他们变得更加完美。努力地去爱孩子的一切，而不是按照自己想象中的样子去贬低他、苛责他、要求他，要知道，你的期望越大，越有可能失望。也许妈妈们会说，孩子身上明明有很多问题，比如他不够努力，脾气也不好，除了接纳，我们还能做些什么？别着急，我们一起来看看本章的内容吧。

第十章 牵着蜗牛去散步——慢养是一种家教艺术

孩子快 3 岁了，不会自己系鞋带，不愿意跟小朋友分享自己的玩具，连简单的 10 以内的数字都数不完……妈妈很焦虑，这样下去，该如何是好？别着急，2~3 岁，孩子最重要的任务其实就是好好地玩。在玩的过程中学知识、学规则，了解大自然，是一件多么美好的事情！其实，在"慢养"方面，最该修炼的人反而是我们父母，我们需要好好地

修炼自己的耐心，静待一朵花开，静看一只蜗牛散步。在"慢养"的过程中，你会发现，孩子和我们都受益颇丰。

第一章

生命之初的头三年，
影响孩子一生

3岁之前，是孩子的语言能力、生活自理能力发展的关键期，同时也是孩子性格养成的关键期，妈妈们一定不能错过这个阶段。尤其是2~3岁，更是关键中的关键。2~3岁的孩子，渴望交到自己的好朋友，在与好朋友的交往中，他们学会了排队、等待、礼让等一些最基本的社会规则。当然，这一阶段孩子也会出现一些"占有欲过强""不愿意分享""凡事和妈妈顶嘴"等小问题，对此，妈妈们不用过度焦虑，因为这些正是2~3岁孩子的正常表现，妈妈们要做的是耐心引导。

3 岁之前，是开发孩子大脑潜能的关键期

潜能，顾名思义，就是指潜藏起来的能量，是需要通过开发才能获得的能力。大脑的潜能在一定程度上受遗传因素的影响，但只要开发得当，每个孩子都能充分发挥自己的大脑潜能。

人类大脑潜能的开发，基本上在 6 岁之前完成，其中最重要的阶段是 3 岁之前。因为 3 岁之前是大脑细胞发育最为迅速的阶段，大脑的结构和功能都会在这个阶段定型。因此，我们要抓住 3 岁之前开发孩子大脑潜能的关键期，对孩子进行一些科学的训练，以便让孩子在 3 岁之后能够快速、灵活地学习到更多的知识。

错过了 3 岁之前开发孩子大脑潜能的黄金期，很有可能会影响孩子一生。

印度"狼孩"卡玛拉被人发现时已有 7 岁多，智力水平只相当于 6 个月的婴儿，研究人员花了很大的力气都不能让她适应人类的生活方式。2 年后她才学会直立，6 年后才艰难地学会独立行走，但快跑时仍然需要四肢并用。她 4 年内只学会 6 个词，听懂几句简单的话，7 年后才学会 40 多个词，并勉强地学会说几句话，直到 17 岁死去时，她的智力水平也只相当于三四岁孩子的水平！

"狼孩"的例子充分说明了人类大脑发育遵循"用进废退"的原则，所以妈妈一定不要错过孩子 3 岁之前大脑潜能开发的关键期。当然，孩子的潜能

存在个体差异，即使某种潜能水平相当的孩子，由于主客观条件不同，开发的方式不同，结果也会有所不同，所以妈妈不必过度追求一致的结果。

那么，具体而言，如何在 3 岁前更好地开发孩子的大脑潜能呢？妈妈们不妨参考以下两种方法：

1. 3 岁之前注意开发孩子的 4 种能力

3 岁之前，妈妈要注意开发孩子的 4 种基本能力。这 4 种基本能力分别是空间智能、逻辑思维能力、阅读理解能力和创造能力。开发孩子的空间智能，可以让孩子多玩一些积木类玩具，让孩子在玩的过程中理解圆形、方形、三角形等图形概念；走在大街上也可以让孩子多观察街道两旁的建筑物，让孩子形成一些基本的空间概念。开发孩子的逻辑思维能力，可以通过一些数字方面的玩具或图书，让孩子分清大小、多少、长短、粗细等概念。开发孩子的阅读理解能力，可以让孩子多看一些看图识字的卡片或绘本，或者父母和孩子一起玩一些词语游戏，等等。开发孩子的艺术创造力，可以让孩子进行涂鸦、绘画、折纸等，也可以让孩子利用彩泥等材料做一些手工等等。值得注意的是，在开发孩子这些能力的过程中，妈妈应当做好陪伴和指导。

2. 给孩子更多的自由和时间探索

孩子的智力开发需要一个自由的空间和时间。有的时候我们看到孩子正在玩沙子，也许在他心里正在建造一座壮观的城堡；有的时候我们看到孩子好奇地趴在地上盯着蚂蚁看来看去，感觉挺无聊，其实在孩子眼里，那是他在探索动物世界的奥秘呢！不管孩子是在滑滑梯、拼拼图，还是在进行其他活动，作为妈妈，我们尽量别去打扰他们，因为这样的活动有助于提升孩子的专注能力，刺激其心智发展。

总之，如果你的孩子正处在 3 岁之前潜能开发的黄金期，一定要不遗余力地为他创造玩耍和学习的条件，给他提供一个自由、宽松的生活环境，让孩子在这个环境中尽情地观察和探索。

3 岁之前，是性格培养的关键期

中国有句俗话，叫作"3 岁看大，7 岁看老"，这句话意思是说人的很多性情在小的时候就初现端倪了。很多父母都对自己的孩子寄予了很大的期望，期望孩子长大后能成为一个自信、乐观、善良的人，殊不知，这些美好的品质其实在孩子 3 岁之前就应该进行培养了。

从出生到 3 岁，这一阶段被称为婴儿期，是儿童生理发展、心理发育最迅速的时期。如果孩子在这个阶段，表现出什么不好的习惯或有什么明显的缺点，妈妈一定要及时对其进行纠正，否则就会错过孩子性格培养的关键期。

薇薇今年 3 岁，是个蛮横的"大小姐"，脾气就像牛一样倔强，如果她想要某样东西而妈妈不给她的话，她就会赖在地上撒泼打滚，又哭又闹非要满足她的意愿不可。有几次薇薇在幼儿园还因为跟别的小朋友抢娃娃玩，把别的小朋友骂哭了。每次薇薇发脾气时，妈妈都会用尽各种招数——哄劝、呵斥、打骂等等，但过后薇薇还是这样一而再、再而三地发脾气，这令妈妈十分无奈。

薇薇这种情况，需要妈妈及时采用正确的教育方式来纠正，否则任由薇薇这样发展下去，她的性格很容易发生扭曲。

1980 年，伦敦精神病学研究所教授卡斯比同伦敦国王学院的精神病学家对 1000 名 3 岁幼儿进行了面试，每名幼儿都被问了 22 个行为特点方面的问题。根据面试结果，这些幼儿被分为充满自信、良好适应、沉默寡言、自我约束和坐立不安五大类。等这些孩子长到 26 岁时，精神病学家再次对他们进行了调查，结果发现：8% 被列为"沉默寡言"的幼儿，如今要比一般人更倾向于隐瞒自己的感情，不敢从事任何可能导致自己受伤的事情。10% 被列为"坐立不安"类的孩子，如今更易对小事情做出过度反应，遇到事情容易苦恼和愤怒。熟悉他们的亲友认为他们心胸比较狭窄，容易产生对抗情绪。还有 14% 的"自我约束"型幼儿长大后没有主见，喜欢压抑自己的情感。

这个研究告诉我们，孩子 3 岁之前形成的性格特质，会深刻地影响其后二十多年的性格走向。

一些妈妈会说，孩子这么小，不想太过于约束孩子的天性，于是就打着"解放孩子天性"的旗号任由孩子的性格自然而然地"堕落"，这样的爱其实是一种放纵的爱、宠溺的爱，是对孩子的人生发展极度不负责任的表现。

越来越多的研究者意识到，成年人的心理问题可能根源于幼年时的行为倾向。因此，孩子从出生到 3 岁这一段时期，对家长来说，是必须要密切关注和把握的，因为这是孩子性格培养的关键时期。

一般而言，3 岁之前的孩子如果出现以下几种行为，那么妈妈一定要进行干预和纠正了：

1. 爱发脾气

我们经常可以在公园里或者商场里看到这样的情景：孩子因为想要买一件玩具或者因为一点小事而生气，赖在地上张牙舞爪地哭闹，这个时候，妈妈采取哄劝、打骂等方式都无法把孩子安抚下来。遇到这样尴尬的情形，很多妈妈为了避免在公共场合出丑，一般都会选择迁就、顺从孩子的心愿。

但是，这样的放纵行为其实是在告诉孩子：好吧，你赢了，我对你的坏脾气一点儿办法都没有。这会让孩子把坏脾气当作自己获取东西的一个筹码。所以，下次孩子再发脾气时，请妈妈忽略他或者直接走开，让他尽情地发泄一番吧。等他哭闹很久之后，发现自己的行为并没有达到目的，那么下次，他就会慎重地考虑自己是否还要通过发脾气这样的方式来获取东西。

2. 爱欺负别人

　　一对夫妇带着两岁的女儿在游乐场里玩，这时候一个看起来3岁左右的女孩走了过来，大声质问小女孩："你会数数吗？"小女孩一脸懵懂地站在原地，这时候那个大女孩直接推了小女孩一下，说道："你连数数都不会，不可以玩算珠了！"那对夫妇很震惊，说道："妹妹还小不会数数，你在两岁多的时候或许也不会数数，对吗？"这个时候，在旁边一直低头玩手机的大女孩的妈妈看到了，习以为常地说道："你们得习惯孩子被欺负，在幼儿园里，孩子被欺负是一件很正常的事情。"

听完这样的话，你有何感想？可以想象，这个大女孩从小接受的是怎样一种扭曲的教育——你打人了，可以；你欺负人了，也可以。这种放任孩子欺负别人的观念很可怕。没有最起码的是非准则，什么事情都以自己为中心，动辄靠动手来解决，这样的孩子长大以后很容易变成一个嚣张跋扈、具有暴力倾向的人。

3. 爱害羞

　　现在的孩子从小生活在蜜罐里，被长辈团团围绕着，因此他的"安全区域"相对较小，一旦有陌生人进入他的"安全区域"或者当他进入一个陌生的环境中时，就会表现得特别紧张和恐惧。这种家庭氛围里长大的孩子，通常都比较安静，规则意识也比较强。但长此以往，孩子可能会缺乏自信，在公众场合不敢表现自己。

　　如果你的孩子出现了严重的害羞行为，那么你就应该采取措施，适当地引导孩子扩大自己的"安全区域"。比如，可以带孩子多出去旅游，多跟陌生的环境和人群进行接触；再比如，可以让孩子试着和亲朋好友打招呼，然后再把范围扩大到熟悉的邻居，甚至医生、警察、服务人员以及帮助自己的陌生人，等等。总之，妈妈要带着孩子勇敢地开拓属于自己的"安全区域"，让孩子更加自信地表现自己。

孩子在 3 岁之前，待在家里的时间居多，因此家庭教育方式将会对孩子的性格产生不可估量的影响。

3 岁之前，是妈妈和孩子建立亲密关系的关键期

有人说：母子之间一生会经历四次分离，分别是出生、断乳、上学和结婚。出生时，脐带被冰冷的手术剪剪断的那一刻，意味着孩子与母亲的第一次分离；孩子一生下来，就会进入哺乳期，开始吮吸妈妈的乳汁，母子之间由此建立起了无比亲密的关系模式，但等到孩子 1 岁左右时，这种哺乳带来的亲密关系就会随着断乳而结束，这是孩子与母亲的第二次分离；孩子长到 3 岁，到了该上幼儿园的年龄，这时候，孩子不得不离开妈妈的怀抱，进入一个全新的成长环境，在这个分离期，孩子和妈妈一般都会产生强烈的焦虑感；随着孩子慢慢长大，走进婚姻，拥有一个属于自己的小家庭，这个阶段的孩子和妈妈之间又将会面临心理上的第四次巨大分离。

母子之间经历的这四次分离，其中有两次都发生在孩子 3 岁之前，因此，我们可以得出结论：3 岁前，是妈妈和孩子建立亲密关系的关键期。错过了这个关键期，将不利于亲子关系的培养。

下面我们来看看一位妈妈对"有妈妈陪伴的 3 岁孩子"和"没有妈妈陪伴的 3 岁孩子"之间的区别进行的总结：

邻居家有个 3 岁的小男孩，名叫乐乐。乐乐出生后，他的爸爸妈妈忙着做生意，无暇照顾他，就把他托付给了奶奶照顾，只有周末他们才能抽出两个小时来看一眼乐乐。

尽管乐乐在奶奶的照顾下衣食无忧，然而时间久了，父母发现乐乐出现了一些问题。比如，他经常乱发脾气，稍有不顺心，就会乱扔玩具。而且，乐乐明显缺乏安全感。听奶奶说，乐乐晚上经常做噩梦，还不止一次被噩梦吓得尿裤子。除此之外，乐乐还非常胆小，一次玩游戏时，别的小朋友只是戴了一个面具，他就被吓得大哭不止。

眼见乐乐的问题一天天严重，妈妈才懊悔不已，觉得自己当初应该好好地陪在乐乐身边。

陪伴可以给孩子带来一份物质所不能替代的安全感。有一句描述幸福的话叫作"幸福得快要溢出来了"，这种"溢出来"的爱是一种饱满的爱，一种充足的安全感。拥有"溢出来"的幸福的孩子，他的内心世界才是丰富的，他不会因为一点儿小事就惶恐不安，也不会因为一点儿小挫折就阴云密布一整天。他内心富足的爱足以帮助他开开心心地度过每一天，也可以让他有足够的爱心和温暖去帮助那些需要他帮助的小朋友。

另一位妈妈这样说：

在女儿程程 3 岁前的时光里，我放下了手里所有的工作，完完整整地陪伴了她几年，因为我和我先生都觉得这种陪伴是用任何的物质条件都无法替代的。我至今记得那些陪伴着她成长的美好时光，看着她第一次翻身，第一次爬行，第一次走路，第一次喊出"爸爸""妈妈"，我可以骄傲地说，我见证了她成长道路上的点点滴滴。

看着眼前的女儿，我很庆幸当初做出的陪伴决定。我和女儿从不吝啬说出对彼此的爱，闲暇的时候，我和她并排躺在床头，轻轻地刮一下她的鼻尖，告诉她，以后这个动作就代表"我爱你"。偶尔，调皮的女儿也会在我的鼻尖上轻轻刮一下，然后笑嘻嘻地跑开。每次接她放学，走在回家的路上，她都会像一只欢快的小鸟一样叽叽喳喳地给我讲述幼儿园里的趣事：哪个小朋友和别人分享了，哪个小朋友调皮了，虽然事无巨细，但我很享受这样亲密无间的亲子时光。

从她1岁多会走路开始，我就在手推车上放了一块防潮垫子，经常带一些做好的美食，领着女儿去门口的公园里野餐。我们在草地上享受阳光和美食，听小鸟在枝头唱歌，这样的陪伴一直坚持到现在。每个阳光和煦的日子，只要有时间，我都会特意早起做一些美食，然后跟女儿约定去公园野餐。现在每次路过那片草地，女儿都会欣喜地告诉我："妈妈，我们经常来这儿喂小鸟呢！"

她会把小鱼放回池塘，会给流浪狗搭一个家，会在有空的时候带饭出去喂小鸟，会在我伤心的时候翻身下床抽一片纸巾递给我，会不经意地说出"妈妈，我好爱你啊！"每当这时，我都庆幸自己能够在她3岁之前的日子里，尽己所能地陪伴她成长，让她有一颗充满爱意的心。

我听到很多父母在抱怨：我的孩子怎么什么事情都不愿意跟我沟通呢！我想说的是，一份陪伴一份爱。在孩子3岁之前的成长关键期，请我们每位妈妈的反思下，自己是否愿意拿出所有的空闲时间，好好地陪陪孩子，听他讲讲自己所遇到的开心或者是伤心的事情呢？哪怕这样的事情细小到"妈妈，我的纸飞机不见了"，我们也应该停下手里的工作或家务活，蹲下来，摸摸他的额头告诉他："妈妈陪你再做一只好不好？"

为了孩子有一个美好的未来，请每一位妈妈好好珍惜短暂的3年亲子时光吧。

这位妈妈的讲述，字里行间透露出浓浓的爱意和满满的陪伴，而孩子也以同样的爱和依恋表达了对妈妈的爱，在这样的成长环境里，建立亲密的亲子关系也就是自然而然的事情了。

2~3 岁, 社交与情感的黄金期: 孩子渴望交到好朋友

孩子在 2~3 岁这一年龄段, 除了渴望拥有妈妈的亲密陪伴外, 还特别渴望交到好朋友。如果把孩子长时间地放在家里面, 不让他跟外界接触, 久而久之, 孩子就会变得封闭、自卑, 不知道以后该如何跟别人正常交往。

传播学上有一个著名的"自我互动理论", 这个理论认为人是拥有自我的社会存在, 人在把外界事物和他人作为认识对象的同时, 也把自己作为认识对象。在一定的环境中, 人认识自己, 拥有自己的观念, 与自己进行沟通或传播, 并能够对自己采取行动, 即"自我互动"。

2~3 岁的孩子, 已经具备了最初的"自我互动"能力, 同时这个时间段也是培养孩子社会交往能力的重要时期, 所以妈妈一定不要忽略孩子的"社交需求"。从出生开始, 孩子就具备了与外界交往的本能, 他们在与外界交往的过程中, 感知着这个世界的人情冷暖, 在他人对自己的评价和态度中, 不断修正自己的行为模式, 最终让自己慢慢地融入社会, 与社会上的其他人融洽地相处。从这个意义上来说, 培养孩子的社交能力和情感能力, 并不是简简单单地带他出去, 找一些小朋友在一起玩就可以了。妈妈要做的, 除了给孩子提供一个能够与他人进行交往的环境之外, 更为重要的是要观察孩子在交往中出现的问题, 然后及时地对孩子的不良行为进行纠正, 从而让孩子能够在交往中不断地成长。如果只是一味地任由自己的孩子按照自己的个性去与其他小朋友交往的话, 那么孩子很难养成分享、友爱的良好品质。

有位妈妈带着自己的孩子去参加早教课, 遇到了这样一件事情:

今年春天, 我带儿子在一家早教中心试听小托班课程时, 突然听到人群中传来争吵的声音。我过去一看才了解到: 原来是一个小男孩不按规定排队, 扰乱了课堂秩序, 老师批评了孩子几句, 碰巧被孩子的妈妈听见了, 孩子的妈妈觉得老师太过严厉, 于是大声

嚷道："这么小的孩子懂什么？平时在家，我们都是鼓励孩子做事大胆、积极一些，不要躲在后面畏手畏脚，我儿子挤到前面，是为了积极参与集体活动，你这样批评他，会让他以后变得胆小、自卑的。"

老师听完，摇了摇头，说道："孩子积极参加活动的行为，我觉得非常好，但前提是应该遵守活动的规矩，别人都在好好地排队，您的孩子往前插队，会影响到别人。在公共场合，孩子的一个不当行为，就会影响到一群人，后果也可能是他无法承担的，所以我们必须要管。"老师的回答不卑不亢，很得体。这位妈妈听完老师的回答，觉得非常没面子，只好拉着孩子到后面重新排队。

案例中那个小朋友不按规定排队，其实与他妈妈的不正确引导有很大关系，这样的妈妈很难说有多么高的情商。当孩子在社交中表现出不遵守基本规则，不尊重他人的行为表现时，妈妈一定要及时加以引导，如果任由孩子自由发展，孩子以后很可能会难以融入社会，难以与他人正常交往。

在孩子社交能力与情感能力发展的关键期，作为妈妈的我们应该做到以下几点：

1. 做好孩子第一个朋友与榜样

《三字经》的开头几句话是："人之初，性本善……苟不教，性乃迁。"意思是人生下来的时候本性都是善良的，但是如果没有得到正确的引导的话，原本善良的本性也会慢慢改变。

孩子刚出生的时候，最先交到的"好朋友"就是妈妈，最先得到的引导也来自于自己的妈妈，因此妈妈的一言一行将直接决定孩子将在什么样的家庭环境中成长。作为孩子的第一个"好朋友"，妈妈应该用自己的一言一行为孩子树立良好的榜样。一个无视规则，对他人的感受无动于衷的妈妈，是很难教出一个有爱的好孩子来的。

2. 让孩子在社交中学会成长

孩子在社交中除了结交一些玩得来的小朋友之外，也应该学到一些融入社会的规则，从而让自己更好地成长。妈妈带着孩子与其他小朋友一起玩耍的时候，可以设置一些有意义的集体游戏，比如模仿游戏，让孩子模仿成人社会中的一些情景，如"买卖水果""医生看病"等等，让孩子们在游戏中相互交流、相互启发，懂得一些最基本的社会规则。通过集体游戏，可以让孩子的语言能力、情感能力、沟通与合作能力得到很好的发展，另外还可以培养孩子分享与爱的精神，让孩子享受到集体协作的快乐。

3. 让孩子通过社交锻炼为入园做好心理准备

孩子在社交的过程中，会逐步扩大自己原有的"安全区域"，提高自己对陌生人和陌生环境的适应能力。下面我们来看一位妈妈是怎么做的：

> 程程1岁多的时候，我们几个年轻的妈妈会在公园里铺一块垫子，然后在垫子上放一些玩具和水果，让孩子们在一起高高兴兴地交换玩具和水果。孩子在和好朋友玩乐的过程中，慢慢就会从一开始的"害怕"变为"享受"，这种在社交中培养起来的适应能力，能够对孩子进入幼儿园后很好地适应幼儿园的生活起到积极的作用，因为幼儿园说到底，就是很多小朋友一起学习、一起游戏的乐园，与家庭玩乐相比，只不过换了一个场地和环境而已。

总之，妈妈们一定要抓住孩子3岁之前这个社交和情感的关键期，让孩子能够在玩中学，在学中玩。

2~3 岁，自我意识萌芽期：都是"我的"，占有欲强烈

孩子在两三岁时，会逐渐发现，自己原来和外部的世界是不一样的，他能够觉察到"你是你，我是我"，所以他会表现出许多以自我为中心的行为。这些行为在大人眼里，往往表现为"小气""抠门"等。比如，他会把自己的玩具看得非常紧，哪怕让他借给要好的小朋友玩一小会儿，他都会坚决地表示拒绝；再比如，他会变得不像以前那么"听话"了，妈妈告诉他别玩水，否则会弄脏衣服，但他可能张嘴就说"我就不，我就要玩"。

面对这种情况妈妈很纳闷：原来听话的乖宝宝现在怎么会变成这样呢？其实妈妈们没必要紧张。当孩子出现这些行为的时候，恰恰标志着他的自我意识开始诞生了。

作为一个高情商的妈妈，一定要深刻了解孩子在"自我意识萌芽期"的各种表现，哪怕这种表现在大人眼里是自私、小气的。你要知道，孩子这种看似自私、小气的行为，恰恰表明他已经开始懂得了"拥有"的概念，在他的心目中，只要认定是他自己的东西，就坚决不允许别人侵犯。如果他的东西受到一丝一毫的威胁，他都会表现得特别谨慎，必要时甚至会"诉诸武力"。等他慢慢长大，做好了分享的准备，他才会大大方方地分享自己心爱的玩具和零食，当然前提是他自愿的。

在现实生活中，有一些妈妈总会在孩子拒绝分享的时候冲出来，大声地斥责孩子："你太小气了！"殊不知这样看似大度的教育方式其实是在扼杀孩子的自我意识。

有一位美国妈妈，谈起自己亲身经历的关于孩子之间"分享"的故事，我们不妨参考一下。

　　一个冬天的午后，我推着儿子小 D 去公园晒太阳。在我们旁边的草坪上有一个小女孩在踢玩具足球，这时来了一个胖乎乎的小男

孩也想踢她的足球，小女孩却拒绝了小男孩的要求。男孩似乎觉得丢了面子，于是不管三七二十一，一把抢过足球去玩了。女孩也不甘示弱，立马上前把自己的球又抢了回来。

　　这时，男孩朝着我的方向大嚷（估计他以为我是女孩的妈妈）："她真是个小气鬼，一点儿也不懂得分享。"尽管我做妈妈时间不长，不懂太多的育儿道理，但看到眼前这一幕，我还是站起来对男孩说："孩子，这是她的玩具，她有权决定是否和你分享，你应该尊重她。"

　　还有一次，我带儿子去游乐场玩，亲眼目睹了这样一件事。我和儿子一起在沙坑玩沙，旁边还有几个孩子也在玩沙。其中有个小女孩带了很多玩沙的玩具，一个人在沙坑玩得很开心。另外几个孩子也想玩这些玩具，于是就去询问那个女孩，可是女孩却非常坚决地说："No！"这时，我听到女孩的妈妈在一旁说："Alice, you need to share.（你应该分享）。"说着，没等女孩同意，妈妈就自作主张把这些玩具分给了其他孩子。结果那个女孩大哭起来，妈妈于是将她带出游乐场。

看了这样的一个外国小案例，你有什么感想呢？你会像小D的妈妈那样做，还是会像Alice的妈妈那样做？事实上，很多中国家长可能会像Alice的妈妈那样做。其实Alice的妈妈的做法是不妥当的，相反，小D的妈妈做得非常恰当，她尊重了孩子的"占有欲"。因为，对于孩子来说，"占有"总是先于"分享"的，孩子表现出强烈的占有欲，是一种非常正常的现象，也是他学会与人分享的前提条件。试想一下，孩子如果连自主权和认同感都不能很好地建立，那么他又如何能够感受到分享的快乐呢？

　　对于一位高情商的妈妈而言，面对孩子表现出强烈的"占有欲"的时候，千万不要像Alice的妈妈那样，粗暴地剥夺孩子的"占有欲"，这对孩子的心理健康很不利。时间久了，他会变得没有"自我"的意识，不知道哪些东西是应该坚决保护的，哪些东西又是应该大方分享的。

想要做一个保护孩子"自我意识"的好妈妈，不妨看看下面的几个方法：

1. 高情商的妈妈不强迫孩子去分享

对于一个不到 3 岁的孩子而言，你告诉他一千遍"你应该分享"，他也不会理解这个道理。如果你粗暴地夺走了他的玩具，强迫他与别的小朋友一起分享，那么，他是丝毫也体会不到分享的快乐的，相反，在他的心里，他还会觉得妈妈不够在乎他，不够爱他，因为在面临选择的时候，妈妈毫不犹豫地站在了"对方"的立场上。这么做，除了会伤害孩子的自我意识之外，还会让孩子产生强烈的不安全感。

2. 高情商的妈妈让孩子自己决定是否要"分享"

高情商的妈妈，一定是一个民主的妈妈。在面对孩子不愿分享的尴尬情形时，聪明的妈妈会大大方方地把决定权交给自己的孩子——"这是你的玩具，你来决定吧！如果你愿意跟小朋友一起玩的话，天哪，宝贝，你简直是太棒了！"当孩子犹豫的时候，适当地鼓励他、赞美他，让他在潜意识里认识到分享是一件很美好的事情，但是，前提是他心甘情愿地这么做。

3. 高情商的妈妈会对孩子的成长保持信心

高情商的妈妈，一定是对孩子持有信心的妈妈。因为她们相信，等过了这个时期，等孩子再长大些，到了四五岁的时候，他就有可能主动拿自己的东西和别人的东西交换，从而获得分享的快乐。

所以，妈妈大可不必为孩子短暂的"独占欲"感到烦恼，这是孩子成长过程中必然会经历的一个阶段。

2~3岁，情绪大爆发：凡事对着干，以自我为中心

孩子在 2~3 岁迎来了人生的第一个叛逆期，这时的孩子突然像变了一个人，令家长措手不及。具体表现为，他们凡事都喜欢跟大人对着干，大人让他往东，他偏要往西，而且觉得这样的反抗行为很棒！

下面是一位妈妈的倾诉，她那个 3 岁的女儿"叛逆"得着实让人头疼。

我女儿刚满 3 岁，我就把她送到了幼儿园，刚去幼儿园那几天，女儿天天哭，不想上学。而且刚上幼儿园两周，她就暴露出很多问题：不听老师的话、上课满屋子乱跑、中午不午睡。总之，最近一段时间特别的不听话，她要做什么事情，大人不同意她就哭闹，给她讲道理也不听。

还有一件事令我很苦恼，那就是每天她放学回家都要看《智慧树》这个节目，常常是没有到播出时间，她就等不及了，哭闹着非要看。还有，每次看《智慧树》时，中间都要插播一段广告，这时候她就会表现得很不耐烦，我跟她说广告过后就会接着播放，但她还是不依不饶，总之就是立即要看，反正不管事实怎么样，她都要以自我为中心。

案例中孩子的行为表现，表明了她已经进入了"自我意识敏感期"，这一时期的孩子会从自己的角度看待周围的世界，凡事喜欢以自我为中心，稍不如意，就会暴跳如雷。

作为妈妈，我们不应该只盯着孩子表面的"不听话"，而应该深入了解孩子的身心发展特点，以足够的爱心和耐心陪伴孩子度过这段重要的"自我意识敏感期"。当孩子表现得不听话时，恰恰表明他已经拥有了独立的意识。在这种关键时刻，高情商的妈妈不会唉声叹气地失落，也不会大声吼叫着说出

"再不听话我就要揍你了"这种伤害孩子心灵的话语，而是会耐心地与孩子沟通和交流，问问孩子内心的想法，以平和的态度解决问题。

作为一个高情商的妈妈，面对"凡事都会与自己对着干"的孩子时，不妨尝试一下下面的办法：

1. 高情商的妈妈应该理解孩子的情绪

妈妈要意识到，2~3 岁的孩子也是一个独立的个体，他们跟大人一样，会有喜怒哀乐等各种情绪。情商低的妈妈会理所当然地认为"小屁孩能有什么情绪，无非是无理取闹罢了"。这种想法的错误之处在于，妈妈没有把孩子当作一个拥有独立人格的个体来看待，没有用心去理解孩子这些情绪背后的心声。如果孩子的情绪经常被忽视，他就会变得不再信任自己的妈妈，甚至缺乏成长的安全感。

2. 高情商的妈妈要适当地学会放手

2~3 岁孩子自我意识变强，觉得"我已经长大了，你看，我会跑，会走，会说话，会自己拿勺子吃饭，所以我有能力按照自己的想法来做事情了"。作为妈妈，要把孩子在这一时期的叛逆当作一件令人欣喜的事情来看待，因为你的孩子已经开始慢慢长大了。你不让他拿玻璃杯，他偏偏要拿起来，他要证明自己是有能力的，当他用颤抖的双手慢慢地捧起玻璃杯的时候，那份自豪和骄傲往往是成年人所不能理解的。既然这样，那就不如学会适当地放手，让孩子骄傲地去奔跑，快乐地去体验，即使他有跌倒的风险，也不要随意去剥夺他奔跑的自由，这才是一个高情商的妈妈应该做的事情。

3. 高情商的妈妈会善用奖惩措施来引导孩子

作为一个高情商的妈妈，除了放手和尊重之外，还应该善用合理的奖惩措施来引导孩子的行为。当孩子愿意跟妈妈好好地沟通一件事情，表现得很有礼貌时，作为妈妈，我们应该毫不吝惜地表达我们对于孩子进步的赞美，比如说："宝贝，你真棒，你能好好跟妈妈沟通，而没有哭闹，妈妈觉得你做得非常好，晚上奖励你多看一集动画片吧！"同样的，当孩子表现得不听话的时候，可以采取一些合理的惩罚措施来惩罚他。比如，孩子故意摔坏玩具时，你可以没收他的玩具。

总之，两三岁的孩子，就如同一棵破土而出的幼苗，他在茁壮成长的同时，也会变形扭曲，我们要做的事情是好好引导，而非通过暴力的手段将他的成长扼杀在摇篮里。

2~3岁，如何培养孩子的意志和人格

2~3岁是孩子意志和人格形成的关键时期，如果在这一阶段培养孩子形成坚定的意志和正直善良的人格，那么他将来就会因此而受益良多。很多妈妈都能意识到这一阶段的重要性，但同时会有这样的疑问：我究竟该如何着手来培养孩子的意志和人格呢？有什么立竿见影的良策吗？

事实上，世界上没有完全一样的两片树叶，也不会有天性完全相同的孩子。每个孩子生来就有自己独特的气质，有自己独有的性格特点，因此根本就不存在"放之四海而皆准"的培养模式。

如果想要为自己的孩子量身打造一套适合他未来发展的"意志和人格"培养模式，那么首先就要了解潜藏在自己孩子身上的"密码"——一种与生俱来的独特气质。下面，就让我们来看看这些气质类型。

古希腊医生希波克拉底曾经提出四种类型的气质：多血质、胆汁质、黏液质、抑郁质，具有不同气质的人会表现出不同的意志和人格特质。同样地，具有不同气质的孩子也会表现出完全不同的意志和人格来。下面，我们结合希波克拉底的"气质分类"来具体分析一下不同孩子所表现的意志和人格特征：

多血质

这类孩子精力比较充沛，喜欢新鲜的事物，即使换了新的环境也会很快地适应，但是，他们往往注意力不集中，在一件事情上注意的时间相对不长，容易被其他新鲜事物吸引过去。

胆汁质

这类孩子一般胆子比较大，他们对待自己喜欢的东西会不顾一切地想要得到。这类孩子的意志力很坚定，认定的事情一般都会尽力去完成。但是，他们解决问题的办法相对来说比较单一，喜欢遵循常规的思路，但回答问题较迅速，反应较快。

黏液质

这类孩子接受新鲜事物比较慢，他们每到一个新的环境里，都会先观察，确定没危险了才会和小朋友们一起玩。他们比较恋旧，喜欢玩以前经常玩的玩具，情绪波动性不会太大，比较稳定。

抑郁质

这类孩子似乎对什么都不感兴趣，比较敏感，有些不大合群，喜欢一个人独处，情绪容易低落。

看完上述四种"气质"分类，妈妈们能判断出你家孩子属于哪种气质类型了吗？根据不同的"气质"类型，我们可以看出自己家孩子的意志和人格特质。作为一个高情商的妈妈，正确的教育方法就是"因材施教"，根据自己孩子的独特"气质"来制定不同的培养模式。

针对"多血质"孩子的坚持力训练

"多血质"的孩子一般会缺乏一定的耐力，做事难以持之以恒，那么妈妈可以针对这类孩子的特点，对其进行一些"坚持力"的训练，比如有空的时候多引导孩子安静地看书、画画，先让孩子试着从 10 分钟开始坚持，如果孩子做到了，可以给予一定的鼓励，慢慢地，引导孩子坚持更长的时间。

针对"胆汁质"孩子的自制力训练

"胆汁质"的孩子一般性格容易冲动，脾气容易暴躁，在平时的教育中，妈妈可以多对孩子进行一些"自制力"方面的训练。比如，孩子想要一件玩具，大哭大闹发脾气的时候，妈妈可以采取冷处理的方式让他冷静一会儿，明确地告诉孩子："凡是你发脾气想要得到的东西，妈妈一定不会满足你，下次，你可以试着冷静一下再跟我沟通。"

针对"黏液质"孩子的适应力训练

"黏液质"的孩子一般都会循规蹈矩，很有耐力，但适应性往往比较差。作为妈妈，可以多带孩子尝试一些新鲜的、陌生的环境，比如在周末的时候多带孩子四处走走，多让孩子接触一些陌生的人群和事物，逐渐增强孩子对于陌生环境的适应力。

针对"抑郁质"孩子的合作式训练

"抑郁质"的孩子一般比较敏感、孤僻，对于这类性格的孩子，妈妈一定要多陪他聊聊天、玩玩游戏，甚至可以主动邀请一些小朋友来家里一起玩，慢慢地带领孩子扩大自己的交际圈。

总之，作为高情商的妈妈，一定要摸清孩子的"气质"类型，因材施教、有的放矢、扬长补短，帮助孩子培养起健康、完善的意志和人格。

第二章

高情商的妈妈更容易培养出

优秀的孩子

　　好孩子不是打出来的，而是高情商的妈妈教出来的。一个高情商的妈妈，从来不会吝惜对孩子的表扬；孩子犯错时，她会时刻提醒自己管理好情绪，温和地与孩子进行沟通；孩子遇到难题时，则会耐心地引导孩子，与孩子共同寻找解决的办法。要知道，妈妈的情商越高，培养出来的孩子就会越优秀哦！

妈妈情商高对孩子到底有多重要

孩子不听话时，妈妈往往容易丧失耐心，对孩子大吼大叫，通过粗暴的方式来压制孩子，希望孩子听话，结果却总是事与愿违，孩子反而变得越来越叛逆。

妈妈要想培养出一个优秀的孩子来，首先要做的不是改造孩子，而是改造自己。一位高情商的妈妈，能够让孩子在一个自信、有爱、宽容的家庭氛围中长大，这样的孩子更容易形成良好的行为习惯和性格品质。而一个低情商的妈妈，很难为孩子提供一个充满乐观、尊重、包容的家庭氛围，又如何奢望孩子以后能拥有阳光、自信的优秀品质呢？

下面这位妈妈的情商就比较低，对于一个3岁的孩子而言，这简直就是成长中的噩梦。

有一天，妈妈带特特去公园玩，后来天色有点晚，妈妈着急回家吃饭，于是跟特特提出立即回家的要求。然而，正玩得开心的特特想堆完城堡再回家，于是，他试着问妈妈："妈妈，我堆完城堡再回家好吗？"谁知，急躁的妈妈一把就拽起了特特的胳膊，对他说："天黑了，你再不回家，家里的玩具就会被别的小朋友抢走了。"

妈妈一边吓唬特特，还一边伸出双手做出了一个"抢东西"的动作，吓得特特"乖乖"地跟着妈妈回家了。

除了用"抢东西"的言辞吓唬特特之外，妈妈还经常用"警察来了"的言语威胁不听话的特特。时间久了，特特一看见警察叔叔，就会害怕地往妈妈身后躲，甚至有时候听见外面的警笛声，都用被子蒙住头，吓得躲在被窝里不敢出来，因为他非常害怕警察叔叔把没有好好睡觉的他抓走。

妈妈的吓唬，让特特的性格变得特别焦虑，玩游戏的时候总是紧紧抱住手里的玩具，生怕他的玩具被别人突然抢走了。时间久了，很多小朋友都觉得特特很小气，慢慢地就不喜欢跟他一起玩了。另外，妈妈的恐吓，还导致特特胆小懦弱，天黑后不敢出门，一看见陌生人就害怕地往妈妈身后躲。

作为妈妈，应该给孩子提供一个安全、温馨、有爱的成长环境，而不是为了达到自己的目的，不顾及孩子的感受就随意恐吓他、威胁他。总是以这种自以为聪明、实则危害极大的方式教育孩子，对孩子的性格塑造产生了不良的影响，也给孩子的童年留下了难以磨灭的阴影。

所以，每一位妈妈都应该学做高情商妈妈，为孩子的成长营造一个和谐的家庭氛围。

1. 高情商的妈妈会鼓励孩子表达自己的想法

如果你问孩子："剪刀可以用来干什么？"孩子回答："可以用来剪妈妈的头发。"作为高情商的妈妈，这个时候一定不能盲目否定孩子的想法，给孩子扣上"坏蛋"的标签，而是应该把孩子当作一个独立的个体，尊重孩子的想法。孩子有时候会说一些真实的"胡话"，但那并不代表孩子有任何的不良品格，他只是在开动脑筋，给出自己认为可行的答案，或者仅仅是淘气而已。高情商的妈妈应该鼓励孩子开动脑筋，发挥自己的想象力和创造力，给孩子营造一个宽松、民主的表达环境。如果孩子的想法的确有不恰当的地方，作为妈妈也应该等他说完，再合理引导，而非粗暴制止。

2. 高情商的妈妈懂得表扬的技巧

高情商的妈妈特别善于夸奖孩子，而且懂得表扬的技巧。孩子的每一个小进步，在妈妈眼里，都应该是一个"很棒的表现"，而不是"你应该做的事情"。有的妈妈会说，夸奖孩子谁不会，我天天都跟我的孩子说"你真棒"！但是，作为一个高情商的妈妈，表扬也是有一定的技巧的，不能泛泛而谈，那样会让孩子觉得妈妈的表扬不够诚恳。比如，孩子在公交车上给人让座，高情商的妈妈一般会看着孩子的眼睛，诚恳地说一句："你帮助了别人，乐于助人，妈妈真为你骄傲！"让孩子知道你表扬他的原因，他才能记住什么是好的，下次他还会这样去做。

3. 高情商的妈妈会让孩子自主做一些决定

一个高情商的妈妈，会给孩子一定的选择权，让孩子自己去做决定，而非独断地说一句："这个好，就这么定了！"比如让孩子吃水果这样的小事，高情商的妈妈会问孩子："宝贝，你想要吃香蕉、苹果，还是别的什么水果？"从小事做起，让孩子逐渐学会做一些决定，并且为自己的决定负责。这样做，不仅能够培养孩子独立思考的能力，还能让孩子为自己的决定负责，从小具备强烈的责任感。

一个专制粗暴的妈妈，喜欢剥夺孩子的自主选择权，不给孩子一点点的自由空间。长此以往，会让孩子变得压抑和自卑，不敢大胆表达自己的想法，长大后也就不能独立地承担一些重大的人生责任，而是一有困难就跑去求助父母。

高情商的妈妈，跟孩子讲话会非常讲究方法，让孩子逐渐学会自立、自强、自信，成为一个内心强大、温润如玉的优秀人士。

妈妈的情绪管理决定着孩子的情商

"我脾气非常暴躁，我也知道这样不好，可一看到孩子犯错，我就忍不住去吼他。"

"我也是控制不了自己的脾气，总是因为一些生活琐事对孩子发脾气！"

"突然发现自己平时做得很不好，算不上温柔的妈妈，平时对孩子太凶、太苛刻了，其实想想，他也只是个需要妈妈呵护的小宝贝而已。"

"我经常打孩子，骂孩子。可是，每次打过、骂过之后，我看着他难过的样子又后悔！"

这是很多不会管理自己情绪的妈妈的心声，她们总是在孩子淘气的时候忍不住发一通脾气，之后又懊悔不已，由此进入暴躁和自责的恶性循环之中，内心备受煎熬。其实，这是一种情商低的表现。

下面这位妈妈，就经历了糟糕的一天——淘气的孩子让她的情绪一波三折。我们来看看她的讲述。

跃跃拿着自己的吸管杯在床上喝水，我有点闹肚子在卫生间，突然，听见他喊"水洒了"。我赶紧回到房间，看到半瓶水全倒在床上了，孩子把自己湿透的袜子脱掉，下了床跑到一边。我心里火冒三丈，就吼了他几声，然后拿纸巾吸水，拿吹风机吹，他嬉皮笑脸地想拿纸巾来帮我吸水，但我仍在气头上就吼他"走开，走开"，然后他就跑开了。

我怕他磕着碰着，赶紧关掉吹风机追了出去，这时他已经爬上了姥姥的床，我站在床边怒视他，希望以这种方式让他意识到自己的错误。我怒视他时，他也不甘示弱地瞪着我，就这么僵持着，突然他拿起姥姥的手机扔了出去，手机重重地摔在暖气片上——还好，没摔碎屏幕。但是他摔手机的行为对我而言无疑是火上浇油，我心里的怒火"腾"地一下蹿了出来。我再也控制不住自己，抱起他狠狠打了两下屁股，他屁股被打红了，痛得哇哇大哭。那一刻我在生气，很生气，他实在太调皮了；那一刻我在恨，恨我自己又一次没有控制住情绪，动手打了他；那一刻我害怕，害怕我动手打他会给他留下心理阴影。孩子还在哭喊"妈妈，妈妈，妈妈抱"，我心痛不已。

这个案例中的妈妈，为我们做了反面的示范，她用自己糟糕的情绪处理方式，为自己的孩子演示了一节糟糕的情绪管理课，我们反观孩子"摔手机"的行为，能够看出他受妈妈的影响有多么地深！一个连自己情绪都无法控制，整天沉浸在负面情绪之中的妈妈，是很难让孩子拥有高情商的。

美国心理学家曾经得出过这样一个结论："母亲的情绪对孩子的影响最为直接，也最有力度，因为只有这个角色与孩子'合体'的时间最长。"因此，想要你的孩子变得聪明又可爱，妈妈就一定要学会管理好自己的情绪。妈妈的情绪管理能力提高了，孩子的情绪管理能力才会受到积极影响。

要想做一个能够管理好自己情绪的高情商妈妈，可以尝试以下几种办法：

1. 发脾气之前多默念几遍"我是妈妈"

如果在发脾气之前，妈妈能够提醒自己：孩子正看着我呢，我要为孩子树立一个良好的榜样，那么很多妈妈就会尽力控制自己的情绪。因为你会明白，这个时候，不良情绪的发泄，影响的不只是自己，还有站在身旁的孩子。

所以，在发脾气之前，不妨默念几遍"我是妈妈"，把"妈妈"的责任感潜移默化在心中，用强烈的责任感来控制自己的负面情绪。

2. 对孩子温柔以待，与孩子共同学习情绪管理

妈妈和女儿逗着玩。女儿生气了，噘着小嘴独自躲在角落。这时，妈妈耐心地走到女儿面前，蹲下来，温柔地说："妈妈知道你生气了，妈妈只是跟你开玩笑，不过，现在妈妈知道你不喜欢这个玩笑了，对不起！妈妈以后不会了。"

这位妈妈对女儿的温柔以待，能够让女儿懂得，人有负面情绪很正常，但我们不能让坏情绪打败自己，而是要学会释放和管理自己的情绪，做它的主人！

3. 让孩子监督自己

跟孩子来一个"君子协定"，赋予孩子与妈妈互相监督的权利，比如你可以和孩子约定："下次妈妈再发脾气的时候，你可以罚妈妈一天不准玩手机。"让孩子监督自己的情绪，一方面可以提醒自己及时控制住负面情绪，另一方面也可以让孩子对负面情绪有一个正确的认识，让孩子在耳濡目染中认识到"随意发脾气"是一件不好的事情，那么下次碰到一些不顺心的事情时，孩子也会学着控制自己的脾气。

所以，妈妈与孩子共同进行情绪管理，对孩子是一种正向的引导和示范。妈妈在管理自己情绪的过程中，能够让孩子学着理性地控制自己的情绪，学着对自己的人生负起责任，从而实现母子双方的共同成长。

孩子内心强大的秘密

高情商的妈妈，会在生活中表现出积极乐观的一面。每当孩子遇到困难或者挫折的时候，她们都会站出来，微笑着鼓励孩子勇敢前行，给孩子一颗强大的内心。拥有一个积极乐观的高情商妈妈，对孩子而言，是他一生的幸运，因为一个孩子只有在充满爱与良好的情绪环境中长大，才会具备充足的自信心和安全感。

我们通过下面这个心理实验，来看看高情商妈妈在培养孩子的强大内心方面，有着多么重要的作用。

1960年，美国发展心理学家埃莉诺·吉布森设计了一个"视崖装置"，用来测试婴儿的深度知觉。这个装置的主体是一张1.2米高的桌子，桌面由一块厚玻璃组成。桌面的一半（浅滩）用红白格子图案覆盖着，另一半是透明的，但在它下面的地板上（深渊）同样用红白格子图案覆盖着。在这两半桌面中间还有一块宽30厘米的中间板隔开。这样，在"浅滩"和"深渊"之间就会产生悬崖效果。

吉布森选择了36位6~14个月大的婴儿进行实验，结果发现大部分婴儿在自然状态下拒绝爬过悬崖，这表明婴儿不仅能够知觉物体的高和宽，而且能够知觉物体的距离、深度、凹凸等。但是，当婴儿爬到"悬崖"边犹豫不决时，如果站在"悬崖"另一头的妈妈对他微笑、点头表示肯定和鼓励，他就可能勇敢地越过"悬崖"，爬向母亲；如果母亲表现出害怕、紧张的表情，婴儿便不敢跨越"悬崖"，甚至大哭起来。

这个心理实验告诉我们，一个积极乐观的高情商妈妈在孩子应对困难、挑战人生的过程中，扮演着极其重要的角色。纵然前方是危险重重的"悬崖"，只要有了妈妈的鼓励和肯定，孩子的内心就会变得无比强大，生命中碰到再大的困难，想想妈妈的鼓励和微笑，也能勇敢地去克服它。

夏克立和黄嘉千写了一本书，书名叫作《一生陪你做公主》，里面讲述了这样一个故事：

> 有一天，夏天回来，说小朋友不喜欢她，黄嘉千开导她说："小朋友也许是今天遇到了什么不开心的事情，心情不好，明天你去了幼儿园应该关心一下他。"夏天听了黄嘉千的话，第二天到了幼儿园之后主动关心了小朋友。回家之后，黄嘉千再问夏天："今天小朋友喜欢你了吗？"夏天高兴地说："他昨天的确是心情不好。"

黄嘉千用她的高情商，养育出了一个内心强大的女儿。这个女儿，独立又自信，不仅没有因为小朋友不喜欢她而心生怨恨，反而能够设身处地地为他人着想，主动关心别人，这是一种非常可贵的品质。

如果你也想培养出一个内心强大的孩子，那么，不妨学一下黄嘉千的教育方式，用自己强大的内心感染孩子，让孩子觉得整个世界都是阳光明媚的。

1. 高情商的妈妈一定是个淡定的妈妈

孩子的身心发展特点决定了他不可能在 2~3 岁就能完全听懂大人的话，做一个乖巧的孩子。这一阶段，他的大脑无时无刻不在想象各种有趣的事情，比如把撒面粉当作下雨，用画笔在墙上作画，穿着妈妈的高跟鞋在客厅里走来走去……你无法想象下一秒他会做出什么让你大吃一惊的淘气行为。作为一个高情商的妈妈，明白面对这样的情景，再生气也于事无补，所以她会心平气和地告诉孩子："你可以淘气，但淘气之后请把这些东西收拾整齐，可以吗？"

有一位妈妈，她的 3 岁女儿天天在她做饭的时候把厨房搞成"灾难现场"，但是她不急不躁地告诉女儿："妈妈允许你在厨房自己玩游戏，但条件是玩完之后，你要学会自己收拾。"现在，这位妈妈再也不用担心女儿会把家里搞得一片狼藉了，因为那都是暂时的，她知道女儿玩完之后自己会收拾。

2. 高情商的妈妈一定是个包容的妈妈

如果你带着你的孩子在餐厅里吃饭，服务员不小心把汤洒到了你的衣服上，你会怎么做呢？高情商的妈妈一定会在这种场合保持很好的宽容态度，和颜悦色地与服务员沟通这个问题。如果换作一个低情商的妈妈，可能会心存抱怨地对服务员一通责骂，殊不知，你的这些狭隘行为已经完全暴露在了孩子的眼里，孩子也会跟着你变得冷漠狭隘。下次孩子再遇到相同的事情时，一定也会像你一样，难以包容他人，动辄便用愤怒情绪来解决问题。

一定没有哪个妈妈想要自己的孩子变得如此跋扈吧，那就请记住，你在孩子面前展示多高的情商，孩子的内心就有多么宽广和强大。

3. 高情商的妈妈一定是个乐观的妈妈

1914年诺贝尔生理学和医学奖获得者巴雷尼，小时候因病致残，但是他的妈妈非常乐观，她告诉巴雷尼："希望你能用自己的双腿，在人生的道路上勇敢地走下去。"她只要有空，就陪着巴雷尼练习走路，有时候甚至自己发着高烧，也雷打不动地带着儿子练习。

在妈妈乐观的态度和坚强精神的影响下，巴雷尼咬牙练习走路，坚持刻苦学习，终于以优异的成绩考上了维也纳大学医学院，并且取得了卓越的成就。

这个故事告诉我们，只有拥有乐观的性格才有可能成就一番伟大的事业。对孩子来说，妈妈就是整个世界，你乐观他就乐观，你消沉他可能也消沉。而你无意中的一句话、一个观念就有可能影响他的整个世界！如果你想让自己的孩子乐观地克服人生中的每一个困难，成为"化茧成蝶"的那个人，那么就请在孩子面前展现出你的乐观和大气来吧。

高情商的妈妈更容易培养出幽默乐观的孩子

没人不喜欢幽默乐观的孩子吧？幽默乐观的孩子大多情绪稳定，笑口常开；幽默乐观的孩子大多不小心眼，不爱生气；幽默乐观的孩子善于与人相处，不孤僻……显然，幽默乐观是一种良好的性格，有利于孩子的身心发展，有利于孩子成才。如此好性格的孩子是如何培养出来的呢？一般而言，妈妈的性格会决定家庭的氛围，而氛围会像空气一样被孩子吸入体内，不由自主地影响其性格。有一个乐观幽默、情商很高的妈妈，孩子才有可能情绪稳定、感情丰富、自信心强，进而才会养成幽默乐观的性格。

我们来看看下面这位高情商妈妈的做法吧。

3岁多的淘淘正伏在桌子上画画，画着画着突然就抽泣起来。正在看书的妈妈抬起头来，疑惑地问："怎么了？"淘淘委屈地说："我不画了！"妈妈不解地问："为什么不画了？"此时的淘淘已经没有耐心给妈妈解释了，哇哇地大哭起来，边哭边喊："我要把书撕了！"妈妈赶紧夺下他手中的图画书，把他搂在怀里，任凭他大哭。

哭够了的淘淘渐渐平静下来，妈妈边帮他擦眼泪边说："看来你是真遇到烦心的事儿了，能跟妈妈说说吗？"淘淘轻轻地说："我不会画小狗的耳朵。""原来是这样啊。先让自己心情变好一些，妈妈再来教你画好不好？"淘淘默默地点点头。妈妈继续引导说："那么，怎么让自己心情变好呢？"淘淘想了想说："吃个好吃的。"妈妈哈哈大笑起来："嗯，不错，这的确是个好办法。你看，哭，并不能解决问题，下一次我们换种方式来对待烦心的事情，好不好？"淘淘郑重地点点头。"那我们一起去吃点好吃的，玩会儿再来画吧！""好耶！"淘淘欢呼着，仿佛从来没有哭过这一场。

淘淘妈妈的做法非常正确，她用自己的耐心一步步地引导孩子：面对问题和困难时，哭泣、烦恼是最没用的办法，与其这样，还不如好好地换个心情重新面对。相信有这样一位乐观的高情商妈妈，耳濡目染之下，淘淘的性格也差不到哪儿去。

如果想要培养出一个乐观幽默的孩子，妈妈们不妨试试下面的这些办法吧：

1. 适当地允许孩子自己做主

在一些无关原则的事情上，妈妈应当适当地放手，不要盲目按照自己的意愿去安排孩子的活动，要保留孩子对合理要求的选择权，允许孩子自己做出决定。这样做可以使孩子感到被爱、被尊重。

就以买玩具来说，有些妈妈喜欢掌控孩子的所有生活。比如，到了商场，妈妈笑眯眯地逗孩子说："宝贝，你喜欢哪个颜色的玩具？"孩子这时候兴冲冲地跑了过去，用小手指了指红色的玩具。然而，妈妈却嫌弃"红色"太过俗气，挑来挑去，挑了一件自己喜欢的"蓝色"，觉得蓝色大气，也耐脏。这么做，会让孩子觉得自己的意见没有得到应有的尊重。

2. 创造机会让孩子和别的小朋友玩耍

要想让孩子变得幽默乐观，妈妈就一定要多带自己的孩子与人接触，在与人接触的过程中，孩子性格会变得越来越开朗。所以，妈妈应鼓励孩子走出去，多到同龄小朋友的家里去做客。妈妈也可以制作一些好吃的点心，邀请孩子的小伙伴到家里来玩。孩子尝到当小主人的滋味，一般都会很开心，会主动带小伙伴参观家里，忙里忙外地招呼自己的小客人，这样在不知不觉中就增强了孩子的自信心和社交能力，同时也会让孩子变得更乐观。

3. 引导孩子正确释放负面情绪

作为高情商的妈妈，面对孩子出现负面情绪时，采取的应对方式应当是疏导，而非压制。心理学家指出，当孩子的不良情绪得不到释放和化解时，很容易积郁在内心，影响他们的个性和心理发展。因此，面对孩子的不良情绪，妈妈切不可采取以暴制暴的方式去面对，这样只会让孩子变得沉默、压抑、悲观。

4. 保护好孩子的好奇心

2~3岁孩子的问题往往天马行空，充满想象力，比如"妈妈，月亮上有太阳吗？"面对这样问题，妈妈千万不要粗暴地打断孩子："别烦妈妈，妈妈在忙，先到一边玩去！"更不要敷衍孩子："这个问题太难了，等你长大了妈妈再告诉你啊！"

高情商的妈妈一定会觉得孩子爱问问题是一件很好的事情，会尽可能耐心地对待孩子的问题。因为孩子既然能发现并提出问题，就说明他思考了，他在主动地探索这个世界。这份难得的好奇心，说不定会让孩子成为下一个牛顿呢！

实践证明，妈妈的情商不仅影响着自己处世的方式，还会对孩子产生潜移默化的影响。如果妈妈的精神世界是一座美丽的花园，那么孩子的性格也将会绽放出美丽的花朵。

2~3 岁叛逆期，如何培养孩子的安全感

在孩子不满 3 岁之前，安全感的重要意义，对他而言就如同氧气。2~3
岁的孩子，非常依赖妈妈的呵护，一旦与最亲密的妈妈分开就会感到恐慌。
比如每天早上妈妈去上班他可能会哭得很厉害；和妈妈一起出去玩，即便放
开了妈妈的手，也会不时回头找妈妈，看妈妈是否还在，只有看到妈妈，才
会觉得安全。还有些孩子特别黏妈妈，妈妈在身边的时候特别安静乖巧，但
是妈妈一旦不在身边，就开始大哭大闹，急着找妈妈；有些孩子除了与自己
家人沟通交流外，在其他不熟悉的人面前，就特别害羞，什么也不敢说；有
些孩子睡觉的时候一定要开着灯，不然就不敢睡，这些都是孩子缺乏安全感
的外在表现。如果你的孩子出现了这些状况，那么作为妈妈的你，就一定要
反思自己平时有没有给孩子足够的安全感。

有的妈妈会说："我天天都陪伴孩子，我的孩子很黏我。"但是，孩子对
妈妈的依恋很深，并不代表妈妈已经轻而易举地与孩子建立起一份亲密的依
恋关系。因为亲密依恋关系的建立，不是仅靠陪伴就能获得的，还需要妈妈
拥有高情商。

高情商的妈妈，一定会注意下面几件事情：

1. 让孩子在 3 岁之前跟父母一起睡

幼儿和童年时期孩子与父母的亲密接触，有助于增强孩子的安全感。比
如母乳喂养、拥抱、亲吻、抚摸等，包括孩子和父母一起睡。当然，出于安
全考虑，把婴儿床拼在大床旁边是最好的共享睡眠的方式。

"亲密育儿法"的提倡者西尔斯医生特别重视亲子关系的建立。他认为，
与父母同睡的幼儿，长大后会获得更多的自信和安全感。

然而，在现实生活中，我们很多年轻的父母因为白天工作劳累，晚上就

会把照顾孩子的事情交给老人。时间久了，孩子与父母之间本该亲密的依恋关系就会逐步淡化，孩子有什么心事和烦恼，也不愿意跟自己的父母交流、沟通。长此以往，孩子就很难再在心理上与自己的父母建立亲密、依赖的亲子关系。

2. 不要总是大声对孩子说话

作为一个高情商的妈妈，一定会深深地明白：大声对孩子说话，其实是一种不自信的表现。你在孩子面前越暴躁，越吼叫，越说明你是一个情商低、不自信的妈妈。

你的大声吼叫，除了展示自己的不自信之外，还会对孩子的性格塑造产生非常不好的影响。在妈妈呵斥和打骂下长大的孩子，容易养成讨好或叛逆的性格。有的孩子为免于被呵斥和打骂，会生活得小心翼翼，习惯看人脸色行事；有的孩子则格外倔强，你说你的，我做我的，挨打也不怕，甚至为了吸引你的注意，或者为了气你，偏要和你对着干。

3. 不要随便吓唬孩子

有的妈妈平时喜欢吓唬孩子，动不动就说："你再哭，再哭妈妈就把你丢在这儿，不要你了！""警察叔叔专门抓淘气的小孩，你再淘气，我就打电话叫警察叔叔把你带走！"……这些在大人看来不过是吓唬小孩子的话语，在幼小的孩子听来，简直就是噩梦，甚至会在他们心灵上留下不可磨灭的阴影。

有一个 3 岁孩子，由于经常被妈妈恐吓，总是吓得晚上不敢关灯、关门睡觉，非得听着妈妈看电视或上网的声音才能睡着，起床看不见妈妈就哭，一直哭到睡着，醒来还没见人就继续哭。这个孩子一直都很害怕被妈妈抛弃的感觉。

看到这里，相信一个高情商的妈妈绝不会做出这么愚蠢的事情来。

4. 适当地允许孩子黏黏你

作为一个高情商的妈妈，应该适当允许孩子偶尔地黏黏你，他黏你，说明他感觉跟你在一起的时间太少，他需要你更多的关注和爱。一些妈妈可能认为，孩子在哭泣索要拥抱的时候，妈妈不能总是满足他，否则孩子就会变得越来越黏妈妈。事实上，作为一个妈妈，能享受孩子黏糊的日子也就那么几年，所以，孩子想要拥抱的时候那就尽情地拥抱他吧。只有张开双臂随时欢迎孩子"恋怀"，最大限度地给他情感的满足，才能让他感觉到，无论遇到什么情况，妈妈都是跟他站在一起的，有妈妈在，自己就有安全感。

高情商教育——正面管教的本质

情商通常是指情绪商数，简称 EQ，主要是指人在情绪、意志、耐受挫折等方面的品质。总的来讲，人与人之间的情商并无明显的先天差别，而是与后天的培养息息相关。

孩子在遇到问题时的表现与妈妈的情商高低有直接的关系，下面我们来看看情商高的妈妈在孩子遇到问题时是怎么做的：

> 一家早教机构组织了一场郊游活动，活动内容是由妈妈带着宝宝一起去郊外公园踏青。郊游结束时，年轻的老师准备带队离开，她让孩子们排好队列，好清点人数。结果，老师数来数去，发现少

了一个孩子。

这位年轻的老师急忙回头去找这个孩子，结果发现这个孩子正站在公园的草地上哇哇大哭，就在此时，孩子的妈妈恰巧赶到了公园。她看到老师正蹲在地上满脸通红地向孩子道歉，可是吓坏了的孩子依然大哭不止。

孩子的妈妈看到这一幕，便抱起孩子说："老师因为找不到你，紧张得都快要哭了，她不是有意的。要不你去亲亲她，安慰她一下？"孩子听完妈妈的话，于是踮起脚亲了老师一下，并安慰老师说："老师，没关系的。"

这位妈妈在自己遇到困难的时候，还能想到帮别人巧妙地化解窘境，而不是针锋相对、大发脾气，这称得上是一种高情商的表现了。这位妈妈表现出很好的教养。这种教养，很可能来自她的原生家庭。如今，作为母亲的她通过自身的言行，也在慢慢地教会孩子如何宽容地处理他人的失误。

1. "正面管教"的本质其实就是高情商教育

正面管教是一种既不惩罚也不娇纵的管教孩子的方法。"正面管教"理论认为，孩子只有在一种和善而坚定的气氛中，才能培养出自律、责任感、合作以及自己解决问题的能力，才能学会使他们受益终身的社会技能和生活技能，才能取得良好的学业成绩。

我们常说高情商教育，殊不知正面管教的本质其实就是高情商教育，即通过良好的情绪管理、意志培养、耐受力训练，让孩子成为一个情商很高的人。一个拥有高情商的人，更容易拥有自信、从容、乐观、幽默等种种优秀的品质，这些优良的品质在其未来的生活中意义非凡。

所以，所谓的"正面管教"，说到底，就是如何想尽办法，把自己的孩子培养成为一个高情商的孩子。

2. 高情商教育引导孩子拥有更强的自控力

在高情商教育引导下，孩子除了拥有良好的人际关系和朝气蓬勃的活力之外，还拥有更强的自控力。

1960年，著名心理学家瓦特·米歇尔在斯坦福大学的幼儿园进行了一个有关"延迟满足"的实验。他让一群儿童走进一个摆放着一张桌子和一些椅子的房间，孩子们就座后，他为每个孩子发了一颗软糖。

接下来，米歇尔对孩子们说："谁能坚持到我回来时还没把这颗软糖吃掉，谁就可以得到另外一颗软糖作为奖励。但是，如果我还没回来你就把糖吃掉的话，你就只能得到这一颗软糖了。"

结果发现，有些孩子自控力差，米歇尔不在时，受不了糖的诱惑，把糖吃掉了。而另外一些孩子，则牢牢记住了米歇尔的话，认为自己只要坚持一会儿，就可以得到两颗软糖，于是，他们尽量克制自己。他们并非不爱吃糖，而是努力地转移自己的注意力——他们有的唱歌，有的蹦蹦跳跳，有的干脆离开座位到旁边去玩，坚持不看那颗软糖，一直等到米歇尔回来。就这样，他们得到了奖励——第二颗软糖。

后来，米歇尔对这两类孩子进行了长期的跟踪调查。结果发现，长大后，那些只得到一颗软糖的孩子普遍没有得到两颗软糖的孩子取得的成就大。

这个实验说明，一个高情商的孩子，为了获得更多的收益，能很好地把控自己的行为。相反，一个情商低的孩子，不能把目光放得很长远，他们不能很好地把控自己，一味追求眼前所得的利益，也就没法拥有一个更好的未来。

3. 高情商与家庭教育息息相关

晚上五点半，乐乐妈妈正在厨房里忙碌着做晚饭。

过了一会儿，妈妈没有听到乐乐的动静，于是从厨房出来，结果看到乐乐不知什么时候从厨房的米袋里抓了一把大米，正往餐厅角落的花盆里撒。

妈妈本想质问乐乐到底在干吗，但想到自己的不良情绪可能会给孩子带来不好的影响，于是微笑着走到乐乐的身旁，蹲下来好奇地问道："宝贝，你在干吗？"

"我在种大米呢！" 3 岁的乐乐扭头看到妈妈，一脸兴奋地说道。

"哦，那你看到大米长出叶子了吗？"

"没有。"乐乐失望地回答道。

"晚上妈妈要给你讲一个睡前故事，咱们今晚的主题就讲讲'大米是怎样种出来的'好吗？"妈妈摸了摸乐乐的额头，一脸温柔地说道，"不过，你现在能帮妈妈把撒在地上的大米捡起来吗？不然我们不小心踩到上面，会摔倒的。"

"好……"乐乐高兴地拍起了小手。

就在此时，爸爸正好从客厅走了过来，他笑着问乐乐妈妈："乐乐把米弄成这样，你怎么还这么开心啊？"

"孩子有探索世界的兴趣，我们做父母的不是应该替他感到高兴吗？如果几粒大米能激发他的求知欲，不是很划算吗？"妈妈的这番话，得到了爸爸的支持，他扭头对蹲在地上看大米的乐乐说道："晚上爸爸和妈妈一起陪你了解大米是怎样生长出来的。"

这个例子告诉我们，高情商与家庭教育息息相关。妈妈能够管理好自己的情绪，时刻保持优雅，以平和的语气跟孩子沟通，孩子也能学会正确地与人沟通。否则，你因为一丁点小事就大声斥责孩子，孩子有朝一日也会学着你的样子。

第三章

如何与孩子
有效沟通

　　高情商的妈妈一定是一个"会说话"的好妈妈，同样的问题，高情商的妈妈会把"批评"变成"鼓励"，会把"唠叨"变成"建议"。总之，他们会换位思考，站在孩子的立场倾听孩子的心声，然后再用真挚的话语说进孩子的心坎里。这样的沟通和教导才是一个高情商妈妈最应该做的。

别让无心的话伤害孩子幼小的心灵

生活中，你有当着孩子的面对别人说过下面这样的话吗？

"我家孩子就是个淘气包，能把家里翻个底朝天。"
"我家孩子就是个爱哭鬼，一点儿小事能嚎半天。"
"我家孩子可小气了，一块饼干都舍不得分享。"

你以为这些话像玩笑话一样，说说就罢了，却不曾想到，这些话其实会深深地刺伤孩子稚嫩的心，甚至会对孩子的一生产生负面影响。在心理学中，这种现象叫作"自我实现预言"或者"标签效应"。意思是，如果你给一个孩子贴上淘气的标签，那么他便开始认为自己就是一个十足的淘气鬼。如果你觉得孩子爱哭鼻子，他只要有机会就会向你显示出他有多爱哭。

有的时候，妈妈真的意识不到自己无意中说过的一句话，会对孩子的心灵造成多么大的伤害。但是，在养育孩子的过程中，我们可以告诉自己，要温和地跟孩子说话，不要诉诸吼叫或者是暴力。

一个高情商的妈妈，在日常生活中，总能够以温和的语气与孩子平等对话，而不会以家长的权威动辄训斥孩子。每当孩子出现哭闹等情绪问题的时候，妈妈要做的事情就是蹲下来，好好听他说话。

　　周末，康康妈妈带康康去一家小型游乐场里玩。游乐场里有一个蘑菇似的小房子，小朋友可以通过房子外面的小门进进出出。

康康对小房子里面的东西很好奇，于是挣脱开妈妈的手，径直跑到了小房子前面，大声说："我也想进去玩。"

结果门口出来一个小女孩抬头看了一眼康康，没有理他，接着低头自己玩。于是，康康委屈地哭着跑来找妈妈。

妈妈听完康康断断续续的描述，笑着蹲下身来，一手搂着康康，一手轻轻地敲着小房子的门。

"小姐姐，我们能进来和你一起玩吗？"妈妈模仿着康康的语气友好地问道。

小姐姐停了几秒，用响亮的声音回答道："可以，我们一起玩儿吧。"说完，还主动帮康康打开了门。

晚上回到家之后，妈妈告诉康康："宝贝，下次你也学着妈妈的样子，笑着跟对方说话，好不好？你有礼貌了，对方也会尊重你的。"康康听完，认真地点了点头。

很多时候，妈妈都是孩子言行举止的榜样。你希望孩子温柔地对待这个世界，那么首先请学会温柔地对待自己的孩子。

1. 高情商的妈妈不会随意地给孩子乱贴标签

一些妈妈平时说话不注意方式，总是会在无形中给孩子贴上各种负面的标签，诸如"你怎么这么笨""你就是懒""什么事都做不好""要你有什么用"……这些话语是不是很熟悉？仔细回忆一下，你是不是对孩子也说过？

2~3岁的孩子大脑尚未建立成熟的认知模式，还处在学习、模仿的阶段，他们就像一面镜子一样，你说他"真棒"，他就会表现得很棒给你看；你告诉他"你什么事都做不好"，他渐渐就会自暴自弃，甚至表现越来越差。

2. 高情商的妈妈懂得接受孩子的不完美

有时候期望太大，失望就会越大，为了得到一个优秀的孩子，高情商的妈妈反而会特意降低自己对于孩子的期望，说服自己去接受孩子的不完美表现。

聪明的妈妈知道，孩子身上有很多成长的空间和改变的潜力，需要做的事情就是看到孩子已经取得的成绩，并且不断地鼓励孩子去开发新的潜力出来。因此，一个高情商的妈妈并不会随便因为孩子暂时的不完美而指责他，相反，她会对孩子说："你已经做得很棒了，妈妈为你骄傲。"

3. 高情商的妈妈会把批评变成鼓励

当孩子不小心弄坏了东西时怎么办？很多妈妈都会这么说："你看你这孩子，给你买过多少个玩具了，你都这样给我弄坏，以后绝不会再给你买新玩具了。"你这样批评他，不仅不能让坏掉的东西重新变好，还会让孩子变得非常自责，所以正确的沟通方式是："妈妈知道你不是故意的，下次咱们玩的时候小心一点儿好不好？别难过了，咱们一起试试看能不能把玩具修好吧。"如果这样说，相信孩子下次玩玩具的时候会更加小心。

美国心理学家贝科尔说："人们一旦被贴上某种标签，就会成为标签所标定的人。"所以，妈妈在给孩子"贴标签"时，一定要慎之又慎，千万别伤害了孩子幼小的心灵。

做一个不唠叨的好妈妈

在中国，妈妈总喜欢用爱的名义强迫孩子做任何事情，孩子一旦反抗就是不懂事，不理解妈妈。唠叨，就是一种打着"爱的名义"强迫孩子倾听的"高尚行为"。在很多妈妈心里，会觉得"我唠叨你，是关心你，换作别人，我才懒得说一句话呢！"殊不知，你越频繁地唠叨，孩子表现得就越逆反，你想让他往左走，他就偏偏往右走，原因很简单，因为他被你唠叨得烦透了，索性破罐破摔，跟你对着干。

爱孩子时，妈妈的表达方式是唠叨；抱怨孩子时，妈妈的表达方式是唠叨；对生活不满时，妈妈的表达方式依然是唠叨。如果换位思考一下，有一个人整天对着你，倾诉她的关心和伤心，全然不顾你是否乐意去倾听，时间久了，你还会依然心平气和地坐在对面听对方唠叨吗？

如果深入分析一下，这种"病态式"的唠叨其实是一种不健康的心理状态，跟主体自身的自卑、焦虑、暴躁等心境息息相关。妈妈们只有意识到潜藏在唠叨背后的一系列不良心理状态时，才能有意识地克服自己的心理障碍，保持一份心平气和的淡然。当你以平和的心态面对孩子时，孩子才会乐于倾听你的建议，愿意跟你站在一条战线上解决问题，否则，你的病态唠叨只会把他推得越来越远。

1. 唠叨其实是一种语言暴力

妈妈要知道，过分唠叨其实是一种语言暴力。因为合理的沟通方式应该是双向的，不是你一股脑把你内心想说的话完全倒出来，全然不考虑对方的感受和心情。所以，妈妈在交流的同时要注意对方的脸色变化，如果孩子表现出了不耐烦的神态，就适可而止，不要再唠唠叨叨了。否则再继续唠叨下去，在孩子眼里，它就不再是关心，而是一种语言暴力了。

试想，你不尊重孩子的态度，对他实施语言暴力的时候，还能指望他乖乖地听你说话吗？他不逆反才怪呢！

2. 唠叨其实是在宣泄自己的焦虑

妈妈爱唠叨，其中的一个原因就是因为自己很焦虑，而这种潜在的焦虑心理一般很难引起妈妈的重视。当这类妈妈内心表现得很焦虑时，她们就需要通过不断说话来证明自己的存在。她们总是翻来覆去地提醒孩子"出门小心，出门小心，出门小心……"，也喜欢自言自语，就像复读机一样唠叨个不停。

这样的妈妈尽管出发点是为了孩子，但孩子作为被唠叨的一方，体验到的就是"你很烦，你对我不够信任，不相信我能照顾自己，你的唠叨给我的感觉非常差"。孩子一旦觉得自己被对方的言语控制了，就会对妈妈回应以躲避、厌烦和顶撞。

3. 唠叨其实是一种不自信的表现

唠叨，还是一种心底不自信的表现。当你认为自己说的话，压根就没进入孩子的耳朵里时，你才会反复不停地唠叨，希望他能够恰巧听到其中一句话，你的目的就达到了。这样的妈妈，其实很可悲，因为唠叨的行为，恰恰证明了自己在孩子面前多么的没权威。

"冰冻三尺，非一日之寒。"权威的树立绝非一朝一夕之功力。作为一个女人，一个天生的语言动物，要做到不唠叨实在是太难了。但是，你可以尝试一下，用行动来替代你的语言。比如，你跟孩子说：吃饭的时候不能玩玩具。如果他违反了规则，依然在吃饭的时候玩玩具，你给他讲一千遍道理也是没有用的。最好的办法是，坚决地收走他的玩具，然后告诉他"再违反规则，这一周都不能再碰这个玩具了"。有的时候，行动比语言更能彰显妈妈的权威。

如果你不想你的孩子离你越来越遥远，就请管住自己的嘴巴，做一个不唠叨、有权威的好妈妈。

学会倾听——好妈妈要学会安静地听孩子说

如果你发现自己的孩子不爱回应，或表情淡漠，甚至听你讲话时漫不经心，你就应该意识到，你是否犯了"不耐心倾听孩子说话"的错误？如果是这样的话，你必须马上改变自己，学会倾听，不然问题会越来越严重。

换位思考一下，如果你在单位忙了一整天，回到家想找人聊天，家人无视你的存在，你感觉会舒服吗？同样的道理，当孩子需要有人分享他的快乐，解答他的困惑，倾听他的烦恼，宣泄他的愤怒情绪时，可是你却忽视他的存在，他也会很伤心。所以说，这个时候妈妈要认真地、全神贯注地倾听孩子的诉说，这样孩子就会感到，自己在爸爸妈妈心中是重要的，从而增强了安全感，以此让孩子终身受益。

3岁的娜娜心情很不好，她觉得自己的好朋友平平不喜欢和自己玩，因为她白天拿了一个布娃娃想和平平一起玩，结果平平拒绝了。没过一会儿，娜娜发现平平竟然跑到另一个小女孩那儿去玩了。娜娜看到这一幕，非常伤心。

吃晚饭时，她一边吃着饭，一边伤心地流着眼泪。妈妈看到女儿流出了眼泪，赶忙用纸巾帮娜娜拭去眼泪，并温柔地问娜娜："宝贝儿，你遇到什么伤心事了吗？"娜娜伤心地低下头说："平平不喜欢和我玩。"妈妈接着问："为什么？"娜娜伤心地哭着说道："平平不喜欢我……"妈妈耐心地听娜娜向自己倾诉完，并安慰她说："宝贝儿，平平也许今天只是想玩另一个小朋友的玩具，那并不代表他不喜欢和你一起玩，别伤心了好不好？"娜娜感觉到了温暖和妈妈的疼爱，心情舒缓了许多。

这位妈妈的做法很好，她用耐心的倾听让孩子获得了很大的安全感。相信孩子以后无论在生活中或是学习中遇到烦心的事情，都会愿意跟自己的妈妈分享心情，和妈妈成为无话不谈的好朋友。

所以，妈妈一定要试着改变自己，从"唠叨者"变为一个很好的"倾听者"，这样才能走进孩子的内心，建立起轻松和谐的亲子关系。在倾听时，妈妈应该做到以下几点：

1. 要做出愿意倾听孩子的姿态

有的妈妈表面上愿意倾听孩子说话，但实际上却是一边拿着手机，一边哼哼哈哈地敷衍孩子几句，这不叫倾听，这叫应付。妈妈要想很好地倾听孩子，首先要做的事情就是摆好倾听的姿态，例如：眼睛一定要与孩子平视，不可居高临下；身体要稍稍向前倾，这是表示有兴趣的姿势；不要时不时地瞟一眼手机，或者翻两页书，以免让孩子以为是一种敷衍。

2. 倾听时要表现出很感兴趣的样子

妈妈在倾听孩子说话时，一定要表现出很感兴趣的样子，这样孩子才愿意跟你继续沟通。通常情况下，2~3岁的孩子判断妈妈是否在认真倾听他说话，是根据妈妈是否看着他来做判断的。如果在听孩子说话时我们的眼睛盯着别处，而不是亲切地看着孩子，孩子就会认为我们对他的谈话不感兴趣，从而打击他谈话的积极性。

3. 倾听时要善于引导对方

孩子跟你交谈时，妈妈不能仅仅用"哦""嗯""啊"等敷衍的词语来应对，可以说一些简短的引导性的话语，鼓励孩子往下说，比如："是吗？""哇，听着就很有意思，你能再跟妈妈仔细说说吗？""你这样做，真是太棒了！"等等，以向孩子表示我们正在专注地听他说话，并鼓励他继续说下去。当谈话出现冷场时，妈妈也可以通过适当的提问引导孩子说下去，例如，"妈妈今天觉得你变得懂事了很多，你有没有觉得？""后来又发生了什么事情，可以再跟妈妈说说吗？"，等等。

因此，妈妈如果想使家庭教育取得事半功倍的效果，就应当掌握倾听技巧，鼓励孩子表达出自己的感受，使孩子的负面情绪得到及时的宣泄。

妈妈一定要会说服术——用说服改变孩子的 3 个技巧

说服需要一定的艺术和技巧，这一点，传播学学者早就有过相关研究。

"说服研究"是美国实验心理学家卡尔·霍夫兰通过实验提出的。霍夫兰认为，说服是引起人的态度改变的有效途径，即通过给予一定诉求，引导接受者的态度和行为趋向于劝说者的预定方向。霍夫兰认为"说服"是信息交流的过程，甚至在 1959 年提出了一个标准的说服模型。在这个说服模型中，说服者、说服对象、说服信息和说服情境构成态度改变所关联的四个基本要素，其中说服者、说服信息和说服情境构成了态度改变的外部刺激，也就是说构成了说服对象的态度对象。在这个说服模型中，霍夫兰还指出，说服有态度改变和态度未变两种后果，而说服对象态度的改变与否与说服对象态度中的情感成分有密切关系。

据此，我们可以得出一个关键的结论，那就是：如果想让自己的孩子改变态度，那么一定要通过情感来打动他，而非强硬地逼迫他。

举个例子，做妈妈的想让孩子关上电视，去做手工，这时与其大吼："快把电视关了，去做手工！"不如说："乖，你是要先吃饭？还是要先做手工？"这么一来，不论孩子做任何选择，做妈妈的都可达到让他离开电视的目的。

这样做，虽然有"投机取巧"的嫌疑，却不失为一种能够让孩子乐于接受的说服技巧。一方面，妈妈耐心地询问孩子的意见，会让孩子觉得自己的自尊心受到了妈妈的尊重，从心理上就愿意配合你的建议；另一方面，孩子也能够通过选择，学做一个有主见的孩子，一举两得的好办法，妈妈们又有什么理由不用呢？

下面跟大家分享一些有艺术的"说服"技巧：

1. 妈妈要与孩子产生"共情"

孩子在商场里哭着闹着非要买一个玩具，妈妈不买他就死活不肯往前走，相信这样的场景妈妈们一定不会陌生。不懂劝服艺术的妈妈会说："我们已经给你买了几个小汽车了，你根本没必要买这个，你再这样不讲理我可就生气了！"然后佯装扬长而去，孩子只能哭泣着跟上乖乖回家。懂得劝服艺术的妈妈，会这样跟孩子说："我知道宝宝现在有点儿难过，妈妈拒绝给你买小汽车肯定让你不好受，你有可能都觉得妈妈不爱你了。但妈妈一直是很爱你的，要不等会儿你觉得能好好跟妈妈说话了，我再告诉你为什么不买这个小汽车，好吗？"你理解了孩子的难过，相信孩子也会愿意理解你。这就是共情式的说服术。

2. 妈妈应慎用"指令性语言"

2~3岁的孩子对指令性的语言不是很敏感，甚至是不太理解，但他们却很愿意模仿大人的动作。当孩子晚上吵闹着不睡觉，声音已经完全充斥了整个卧室，妈妈在旁边提醒"宝贝儿，该睡觉了"。可是，正在玩闹的孩子，耳朵很难再听到妈妈的提醒。这个时候，另一种语言或许能起到更好的作用，那就是——肢体语言。妈妈可以将食指按在嘴唇上，轻轻"嘘"一声，表示让孩子安静下来，孩子看见妈妈的动作后，也会下意识地闭上小嘴巴，不再吵吵闹闹。这种无声胜有声的办法比起唠叨的命令将起到事半功倍的效果！

3. 行动是比语言更有效的说服手段

身教重于言传，妈妈就是孩子最好的老师。一般而言，孩子都是妈妈的翻版，如果妈妈是善良的，孩子通常坏不到哪里去。有时候语言的教导令孩子反感时，不如试试亲身示范。比如孩子喜欢看电视，经常很晚才睡，那么如果妈妈能够每天早睡早起，给孩子树立良好的榜样，那么孩子耳濡目染，自然而然就会形成良好的习惯。

沟通是双向的，说服也应该是双向的，想要获取有效的说服结果，需要用情感将自己和孩子紧密地联接在一起。

"等我冷静一下再说"——愤怒时最好闭嘴

俗话说："人非圣贤，孰能无过。"同样，人非圣贤，谁都有忍不住生气的时候。人在生气的时候，很难做到理智沟通，所以经常会在生气的时候说出一些尖酸刻薄的话来，给别人造成很大的心理伤害。而人在愤怒时说出口的话就像泼出去的水一样，是无法收回去的，哪怕你肠子都悔青了也无济于事。

对于妈妈而言，更需要慎重地表达，因为你面对的是一个孩子，愤怒时说出的话可能会伤害孩子。

有一位妈妈，脾气比较暴躁，经常因为一点儿不顺心的事情就在家里发脾气，无论是对爱人还是对孩子都是如此。

有一次，3岁的孩子童童放学时忘了把自己的水壶带回家，妈妈就一顿劈头盖脸的责骂，童童很委屈地低着头听着，但是妈妈并没有住嘴。不一会儿，童童实在忍不住了，才大声地哭起来。可是妈妈却说："哭，哭，就知道哭！一点记性都不长！"妈妈这么一说，童童的哭声更大了。此时，爸爸走过来，对妈妈说："她才多大点儿，这么点儿小事，值得这么大动肝火吗？"妈妈不客气地回了一句："你们父女都一个德行，整天丢三落四的。"

爸爸听后没再作声，只是蹲下来安慰女儿。

看到这里，相信妈妈们一定意识到了生气对于孩子以及家庭的影响。可惜的是，很多妈妈并未意识到自己的暴躁脾气对孩子及家人的伤害，尽管很多人发完脾气后也会深深地自责或后悔，但事后总是会故技重演。

英国伦敦大学玛丽皇后学院的最新研究显示，"虎妈"的幸福感其实很低。妈妈的愤怒会伤害到孩子，家里总是笼罩着高压和不开心的气氛，容易让孩子精疲力竭，甚至导致孩子的情绪被击垮，这种情况对孩子造成的伤害是很大的。

有的妈妈会说，大家都是普通人，再怎么克制，都会有忍不住发火的冲动。是的，要做到完全不生气，几乎是一件不可能的事情。但有一件事情，经过有意识的克制，我们是可以做到的，那就是在生气的时候不把怒火撒到孩子身上，如果有非沟通不可的事情，也要冷静地告诉孩子："妈妈在生气，等妈妈冷静下来再跟你说话吧。"

另外，妈妈还应该意识到，生气时有几句话是绝对不能对孩子说的：

1. "我不要你了"

在孩子眼中，爸爸妈妈是一切，当你对孩子说出"我不要你了"这句话时，你可知道孩子的心里是多么的恐惧。教育孩子时，妈妈在说每一句话之前，都要斟酌一下这些话语是否会伤及孩子幼小的心灵。"我不要你了"，虽说只是父母赌气时说出的话，但对孩子而言，很有可能会成为压垮他安全感的"最后一根稻草"，让他对父母的信任土崩瓦解。

2. "你太笨了"

如果你想让自己的孩子变成一个真正的"笨孩子"的话，天天说这句话就够了。试想一下，如果你小时候天天被自己最亲爱的妈妈骂为"笨蛋"，你还有信心做好一件事吗？我想大多数孩子都不再愿意努力了，为什么？因为他们觉得自己再怎么努力，妈妈看到的都是他的"笨"，那就一直"笨"下去好了。

所以，孩子哪怕进步一丁点儿，妈妈也应该赞美，而不是指责。否则，他连这么一丁点儿的进步的动力都要被无情地摧毁了，那么他的自信又该如何建立？

3. "你滚吧"

在孩子心里，家应该是最安全的地方，是永远包容自己的港湾，即使自己有一天不小心在幼儿园犯了错误，也可以回到家寻求妈妈的安慰。但是，如果有一天，最亲爱的妈妈对自己吼出一句话"你给我滚出去！"孩子应该怎么回应呢？你让一个 3 岁的孩子滚到哪里去？当然，这应该不是妈妈的真心话，但这句伤人的话一旦说出口，就再也收不回来了。所以，即使孩子犯了错，也应该心平气和地跟孩子说他错在哪里，让孩子在接受批评的时候，也能觉得妈妈是爱他的。

如果你在生气时会忍不住说出这些伤人心的话语，那么请修炼自己的内心，冷静地告诉孩子："等我冷静下来再说吧。"对于一个生气的妈妈来说，这应该算是最理性的话语了吧。

"我爱你，但我不喜欢你这样做"——向孩子表明你的态度

如果孩子做错了一件事情，你宠溺地对孩子说："妈妈爱你，你什么事情都可以做，放心，有妈妈呢！"这不叫爱，叫"溺爱"。"溺"，词典上解释为"淹没"的意思。人被水淹没了会"溺毙"，如果妈妈的爱横溢泛滥起来，那也会"淹没"孩子的，这就是溺爱，是一种失去理智，直接摧残儿童身心健康的爱。

如果孩子做错了一件事，你拉着他的双手对他说："妈妈爱你，但是这个事情不可以这样做。"这才是真正的爱。因为爱你，所以妈妈希望你能成为一个更好的人，因为爱你，所以妈妈希望你能让自己身上的软肋变成坚硬的铠甲。

在孩子心目中，妈妈是天底下最伟大的保护神。孩子生病躺在床上时，最想得到的安慰是妈妈的拥抱和爱抚；孩子想去商场买玩具，第一个撒娇求助的人也是妈妈；不小心摔倒在地，哭喊着寻找的第一个人还是妈妈。在妈妈无穷无尽爱意的包裹下，孩子可以自由地哭闹和玩耍。殊不知，有一种危险却在这种温暖外衣的包裹下，悄然袭来，这种危险就是没有规矩和原则的溺爱。

2017 年 8 月 22 日，网上的一条视频引起了人们的广泛关注：江苏盐城一名 12 岁男孩在饭店就餐时弄坏了饭店的物品，他要求妈妈替他赔偿，妈妈看到这个情形，便对其批评教育了一番，但男孩不但不听妈妈的批评，反而对妈妈大声吼叫，并动手掐住了妈妈的脖子。围观的群众见状上前拉开了男孩，但不依不饶的男孩在被人拉开时竟然又连续三次对母亲动手。

看到这里，我们不禁愕然，孩子在小的时候，如果受到的教育是"我们爱你，所以你可以做任何想做的事情"，那么孩子就不清楚自己行为的底线在

哪里。上述事件中，这个孩子其实是畸形的爱的受害者，他很可悲，因为在他从小受到的教育里，只有别人毫无保留地爱他、疼他、顺从他，从来没有人耐心地教过他如何去爱父母、爱别人。

妈妈在爱孩子的时候，一定要告诉孩子原则和底线在哪里。这样，你对孩子的关爱才不会成为溺爱，孩子才不会因为你的错爱而愈发叛逆，具体来说，建议妈妈一定要做到以下两点：

1. 我爱你，但不喜欢你不爱我们

很多妈妈在爱孩子的时候，恨不得把全天下所有好吃的东西都留给孩子吃，自己却一口都舍不得吃。其实，这是一种很失败的教育方式，你让孩子丧失了理解爱的能力。时间久了，他会觉得：你本来就应该把所有好吃的东西留给我，因为你爱我嘛。

为了避免这种失败的教育后果，妈妈在孩子小的时候，就应该告诉他：孩子，妈妈爱你，但不代表我会接受你不爱我们的样子。

2. 我爱你，但不喜欢你做错误的事情

从孩子能听懂妈妈说话的那一刻开始，你就应该坚定地告诉孩子，自己的行为底线应该在哪里。如果孩子在外面哭闹，非要一件好玩的玩具，妈妈不买的话他就躺在地上打滚，那么妈妈正确的做法应该是，立即抱着孩子，将他带离这个地方，因为你爱他，并不代表他可以拿"爱"作为要挟妈妈的手段；如果孩子在外面不遵守规则，大声吵闹，欺负别人，作为妈妈，一定要及时地制止孩子，并且明确地告诉孩子不可以这样做，因为你爱他并不代表他可以拿你的爱去影响别人。

一个高情商的妈妈每天都会跟孩子说好多遍"我爱你"，但同时，孩子做得过分的时候，她也会坚定地告诉孩子"我爱你，但我不喜欢你这样做"。只有告诉孩子爱的底线在哪里，孩子才会真正地理解爱，学会爱。

"我们送玩具回家吧"——用拟人化的语言代替命令

拟人是指把非人类的东西加以人格化，赋予它们人类的思想感情、行动和语言能力。拟人化教育是针对幼儿的"泛灵"心理，将世界人格化，使幼儿将周围同化，引起幼儿的注意和兴趣，以此期待教育结果、达到教育目的的一种教育方式。

很多妈妈对"拟人化"教育方式并不了解，下面举一个简单的例子来一起了解一下什么是"拟人化"的教育方式。

> 两岁半的东东一直以来都不喜欢吃青菜，就算妈妈强迫他吃也只吃菜叶，坚决不吃菜梗。这几天，遇到吃青菜的时候，妈妈就会模仿蔬菜的语气对东东说："东东哥哥，我是青菜，我好喜欢你哦，更喜欢给你增加营养，让你长高长大。"东东一听高兴地回应道："好了，我来吃了，感谢你青菜。"一会儿工夫，几根青菜就快乐地进入了东东的肚子里。
>
> 周日早上，妈妈带着东东去外面吃面，东东吃得有些慢，妈妈就先在旁边买菜，当妈妈买好菜，看到东东正把碗里的青菜往嘴里送呢。在回家的路上，东东告诉妈妈："妈妈，青菜对我说，我不吃它，它会很伤心的，所以我吃了它。"妈妈听后竖起拇指直夸他。

这种"拟人化"的教育方式，无形中起到了引导的作用。其实"拟人化"教育方式并不是一种故作矫情的育儿方式，而是有一定的心理学依据的。2~3岁的幼儿年龄小，身体、心理等各方面都不成熟，由于认知能力等方面的限制，在他们的眼中，周围的一切事物都是活的，所以很容易根据自己的生活经验与思维方式赋予事物以生命。

在他们的眼里，整个世界都是有生命的，是充满了乐趣和欢乐的。所以，妈妈要抓住孩子的这一心理特点，正确运用"拟人化"的教育方式，实现与孩子的良好互动。下面几种拟人化的引导方法很值得借鉴：

1. "我们送玩具回家吧"

很多妈妈都头疼一件事情，那就是孩子喜欢把玩具乱扔一地，等晚上睡觉的时候，又偷懒不愿意把玩具放回原处。这个时候，有的妈妈会自己动手收拾玩具，有的妈妈则会大声呵斥孩子去收拾，其实这些都不是明智的做法。

其实，妈妈可以抱起被扔在地上的娃娃大声说道："宝宝，你怎么了，为什么哭呀？"妈妈还可以假装侧耳靠近娃娃，并点点头像是听明白了似的，然后对孩子说："娃娃刚才想去公园玩，可是刚出门就被你扔在地上的玩具绊了一跤，膝盖都流血了，还在哭呢！""你快把玩具收拾整齐，要不一会儿又绊了娃娃可不好！再说了，玩具们也该回家吃饭了，我们一起送玩具回家好不好？"

类似这样拟人的话语能够最大限度地拉近妈妈与孩子之间沟通的距离，效果自然很好。

2. "小鱼想妈妈了"

有的孩子不能很好地理解亲情，不明白爱是什么，这个时候，妈妈可以运用"拟人化"的教育方式来跟孩子沟通，慢慢地，孩子就会理解这个世界上的一切都是有爱的。

3岁的飞飞在公园里玩耍，一位爷爷在旁边的池塘里钓到一条小金鱼，他觉得飞飞很可爱就把小鱼送给了飞飞。飞飞特别开心，非要把小金鱼带回家里玩。这个时候，妈妈对他说："小鱼流了这么多的眼泪，你看，它都哭了。"飞飞问妈妈："小鱼为什么哭啊？"妈妈说："我听到他在伤心地喊'妈妈'呢，它想它的妈妈了。如果你离开妈妈，也会难过的是吗？"说到这里，飞飞忽然明白了，告诉妈妈说："妈妈，小鱼想妈妈了，我们送它回家吧。"

3. "小鸟会自己吃饭了"

很多 2~3 岁的孩子不会自己吃饭，又很挑食，咀嚼吞咽能力差，爱用菜汤泡米饭。妈妈使了浑身解数仍然不能让孩子自主吃饭，这应该怎么办呢？

这个时候，妈妈们不妨试一下"拟人化"的教育办法。你可以设计一个鸟妈妈喂小鸟吃食的游戏。吃饭时，让孩子当小鸟，妈妈来当鸟妈妈，把一勺饭、一勺菜喂到孩子口中，告诉孩子说："你现在是一只小鸟，妈妈要喂食了，只有好好吃饭的小鸟才会飞得很高哦！"孩子会觉得很好玩，愿意开心地张着小嘴来抢着吃。经过几次游戏之后，孩子慢慢就会喜欢吃饭了。这个时候，你再对孩子说："小鸟现在长大了，要自己吃饭了，妈妈要看看我的小鸟会不会自己吃饭了哦。"相信，经过一段时间的游戏，孩子就能学会自己吃饭了。

在拟人化的游戏中，孩子会不知不觉地受到教育，这比妈妈们苦口婆心的唠叨要有效得多，妈妈们不妨尝试一下吧。

"我们可以这样试一试"——教孩子正确的思路

如果有一天，你 3 岁的孩子跑过来问你："妈妈，我可以跟你学习洗衣服吗？"这个时候，你的反应是拒绝，还是支持？

小菲是一个 3 岁的小女孩，小小的她对妈妈所做的任何事情都非常好奇，妈妈做饭的时候，她就站在旁边用塑料小铲子学着妈妈的样子在空中翻来翻去。

一天，妈妈准备把小菲换下来的脏衣服拿去卫生间洗干净。小菲看见了，立即跑了过来，奶声奶气地跟妈妈说道："妈妈，我也要洗衣服。"

妈妈看着小菲认真的样子，并没有拒绝，而是跑过去给小菲准备了一个单独的盆子，告诉她："你来试一试吧，你看看妈妈是怎么洗的，慢慢学，洗完了，咱们一起把衣服晾好。"

小菲挑选了一件小小的 T 恤，放在水盆里，学着妈妈的样子挽起袖子，用小手来来回回地"搓"着衣服。这样学习了几次之后，妈妈发现，小菲竟然可以独立洗自己的袜子和小手帕了。虽然她洗得并不干净，但妈妈却认为，小菲学会了独立生活的小技巧，知道自己的事情自己做了，这种独立的能力，对她将来的成长至关重要。

有的时候，孩子需要的只是一句"我们可以这样试一试"而已，这样他便有机会把自己的梦想变成现实。这么一想的话，究竟有多少孩子的美好梦想被我们粗心的妈妈扼杀在了摇篮里了呢？

如果妈妈真的想成就孩子的美好梦想，那么以下几件事情不妨放手让孩子尝试去做吧：

1. 让孩子尝试自己动手做实验

妈妈应该鼓励孩子在生活中探索一些未知的事物，并且支持他们动手去做一些实验，从而找到问题的答案。比如，为何能用泡泡水吹出泡泡来？这些泡泡为什么是五颜六色的？妈妈可以指导孩子做一瓶泡泡水。比如，告诉孩子可以用胶水、洗手液以及一定量的清水混合在一起，调和一下，就可以做出泡泡水来。具体怎么调制，那就大胆地交给孩子去尝试吧。失败几次后，孩子就能在妈妈的指导下做出比例适当的泡泡水了。

通过这些简单有趣的小实验，可以激发孩子的好奇心和探索热情，也能提高孩子分析问题和解决问题的能力。

2. 相信孩子自己会保护好自己

很多妈妈都活在焦虑之中，整天担心自己的孩子会遇到各种各样的危险，总是将孩子紧紧地护在怀里，什么事情都不敢让他自己做。其实，我们低估了孩子的自我保护能力，很多时候，他其实能够很好地保护自己。比如，妈妈可以放手让孩子在视线范围内尝试自己去扔一次垃圾，放手让孩子试着自己爬一次滑梯，在安全的前提下放手让孩子试着踩踩路边的小水洼。相信孩子可以做得很好。

3. 鼓励孩子尝试扮演不同的角色

妈妈在平时的生活中可以创造一些机会，让孩子尝试扮演不同的角色。角色扮演游戏能充分满足孩子的好奇心，只有拥有好奇心，他们才会不断地去探索、去创造。角色游戏还能使孩子保持高涨的学习情绪，促使其不断尝试探索，从而学习到更多的知识。

比如，最常见的场景就是让孩子来扮演医生，妈妈来扮演病人，让孩子在照顾"病人"的过程中学习一些简单的护理知识，同时还能学会如何关心、照顾别人。

如果每位妈妈都能够像泰国宣传影片中 JU 的妈妈一样，拥有足够的耐心，引导孩子尝试动手做一些"平凡但却很有意义"的事情，那么我们将有可能培养出更多像 JU 一样优秀的孩子来。

第四章

妈妈如何控制好
自己的情绪

　　生活和工作不总是尽如人意，妈妈们每天都可能被各种各样的事情影响到自己的情绪。但高情商的妈妈会提醒自己时刻管理好自己的负面情绪，因为她们知道，当自己发脾气的时候，自己和孩子都会受到深深的伤害，而且发脾气本身对解决问题没有任何帮助。要知道，妈妈的情绪越差，孩子有可能因此变得更抵触，更叛逆。

妈妈的情绪对孩子的感染力是最强的

在一个家庭中, 有一个高情商的妈妈是很重要的。妈妈情商高, 家庭一般而言就比较祥和幸福; 妈妈情商低, 家庭往往容易弥漫硝烟。所谓的高情商, 其实就是良好的言行控制力, 能够做到不该说的话不说, 不该做的事不做。但是, 在日常生活中, 很多妈妈都展现了自己情商低的一面, 遇事很容易大发雷霆, 家庭的琐事、工作的烦心事、孩子的淘气等等, 随便一个不顺心都可能成为这类妈妈发脾气的导火索。

这些妈妈发脾气的时候, 根本不会考虑孩子的心理承受力, 殊不知, 这样的暴躁表现, 对自身和孩子都是一种深深的伤害。我们如果仔细观察就会发现, 这些妈妈培养出来的孩子, 脾气往往也会比较暴躁。为什么呢? 原因很简单, 那就是身边的孩子会模仿她们, 逐渐养成了爱发脾气的坏习惯, 在大人长期潜移默化的影响下, 又逐渐养成了相似的性格。所以说, 儿女是妈妈的影子。

妈妈是孩子的一面镜子, 你经常微笑, 那么孩子受你影响, 也会变成一个爱笑的孩子; 如果你经常暴躁易怒, 随意乱发脾气, 孩子也会有样学样, 变成一个脾气暴躁的小孩。

下面, 我们看看乐乐和乐乐妈妈的案例吧, 反思一下妈妈的坏脾气究竟给母子双方带来了怎样无形的伤害。

一天晚上, 3岁的乐乐正在看他最喜爱的动画片, 妈妈和爸爸因为家庭琐事拌了几句嘴, 妈妈坐在沙发上生闷气。此时, 快要到晚上

9点钟了，妈妈就催促乐乐赶紧关掉电视睡觉，乐乐正在兴头上，有些不情愿，妈妈一把拿过摇控器关掉了电视。乐乐见此情形，开始哭闹。妈妈被乐乐哭得心烦意乱，怒火中烧，大吼道："都几点了，还看什么看？明天你不去幼儿园了？"乐乐受到了惊吓，哭声更大了。

可想而知，妈妈这样大发脾气，乐乐一时半会儿就更睡不着了。这个案例告诉我们，用发脾气的方式教育孩子，是一把损人不利己的利剑，自己生气不说，还激起了孩子的抵触情绪，让问题变得更加糟糕。

因此，想要成为一个高情商的妈妈，就要合理地控制自己的脾气，尤其不要随便对孩子发脾气。下面几点，妈妈们需要特别注意：

1. 要意识到发脾气的负面影响

妈妈应该时刻提醒自己，经常发脾气会对孩子造成非常严重的伤害。有些青春期的孩子之所以过于叛逆，很可能与小时候的经历有很大关系。比如，有的孩子在两三岁的时候，妈妈平日对他的教育方式很可能就是大吼大叫，甚至拳脚相加。这一阶段的孩子身心比较脆弱，即使对妈妈的教育方式有所不满，也只会憋在心里，默默地忍受。可是，一旦长大，他就会学妈妈的样子，通过"以暴制暴"的方式来回应妈妈的坏脾气。到那时妈妈肯定会无比后悔自己曾经的暴躁行为。

所以，妈妈每次想对孩子发脾气之前，都不妨先想一想这么做的后果。

2. 妈妈情绪不好的时候不要教育孩子

妈妈发脾气的时候是不适合教育孩子的，因为此时你的情绪正处在一种不稳定的状态，很可能会做出一些过激的事情来。曾经有一个脾气暴躁的妈妈，仅仅因为孩子不小心弄丢了手机就对着孩子大发脾气，结果失手把孩子打死，这样的事情真令人痛心。当妈妈处在情绪不佳的状态时，千万不要教育孩子，即使这个时候你看到了孩子明显不合适的行为，也尽量先不要开口，而是应该等自己冷静下来之后，再好好跟孩子沟通。

3. 妈妈可以选择离开孩子的视线

如果妈妈不能很好地控制自己的情绪，那就暂时离开一会儿吧。俗话说，"眼不见心不烦"，你生气的时候，可以把自己和孩子隔离开来。假设，当时孩子在客厅看电视，那你就把自己关进书房或者卧室，看看书、躺下休息，努力让自己忘掉孩子的行为。还有一个很不错的建议就是翻翻孩子的相册，看看孩子天真无邪的笑脸，也许你刚才的想法就会改变了。

总之，为了孩子有一个健康的成长氛围，妈妈应该尽量克制自己的负面情绪，这样孩子幼小的心灵才不会充满恐惧和不安全感，孩子的叛逆行为才不会那么难以调教。

最有效的教育方法，从来不是大吼大叫

初为人母，我们满怀期待，宝贝第一次牙牙学语，第一次蹒跚走路，第一次喊出爸爸妈妈……我们都欣喜异常，觉得这是作为妈妈最大的幸福。但是渐渐地，孩子长大了，我们却认为他们磨蹭了、淘气了、不听话了……于是，我们慢慢地变得焦虑、烦躁、易怒，最终成为了"大嗓门儿妈妈"。我们希望孩子达到我们内心的预期，希望我们自己的孩子能够像"别人家的孩子"一样完美、优秀，但事与愿违的是，我们越着急，嗓门儿越大，孩子越叛逆、不合作。

林永健的儿子林大竣和夏克立的女儿夏天，参加了一个亲子节目。有一期，节目组要求两个孩子看守糖果和冰激凌，结果他们禁不起诱惑，偷偷吃掉了糖果和冰激凌。

林永健看到儿子的表现，非常生气，便大声呵斥起了林大竣，结果林大竣非常排斥爸爸的做法，在接下来的节目中不仅不配合，甚至还故意顶撞爸爸。

而夏克立则把女儿拉到一边，耐心地询问女儿错在哪里，并且告诉女儿为什么不能那样做，错了就要接受惩罚。结果夏天听完夏克立温和的纠正和指导后，立刻心甘情愿地接受罚站，在接下来的节目中，她和爸爸相处得非常融洽。

显而易见，夏克立的教育方式更好一些。首先，他"把女儿拉到一边，亲切而又严肃地小声告诉她"，这个举动顾及了女儿的自尊心，并没有让女儿在众人面前丢掉面子，所以女儿很愿意听取爸爸的批评。相反，林永健在众人面前大声指责儿子，将儿子的自尊践踏得体无完肤，可想而知，儿子会以怎样的态度回应他了。其次，夏克立会跟女儿好好沟通，向她说明究竟错在哪里，为什么错了。让孩子自己想明白自己的错误，远比父母大声斥责要有效得多。当夏天想明白自身的错误后，就会心甘情愿地接受爸爸安排的惩罚。相反，林永健只是大吼一句"吃什么吃"，在儿子看来"吃"并不是一件错误的事情，所以就很难认识到错误，进而接受惩罚了。

妈妈们不妨学习一下夏克立对女儿的说话方式，哪怕孩子做错了，也能心平气和地教育他、批评他，甚至让他心甘情愿地接受惩罚。

作为妈妈，我们可以反思如下这些问题：

1. 为什么别人的孩子很有礼貌，而我的孩子却总是大吼大叫

如果你的孩子跟别人说话，动辄大吼大叫，妈妈就该反思一下自己平时说话的方式是否也是大吼大叫。作家郑渊洁曾经写过一篇引发中国教育界深

刻反思的《父母毁掉孩子的七大秘诀》的文章，其中有一条就是：和孩子说话时口气决不能和蔼，切不可使用商量的口吻，一定要使音量达到 70 分贝以上，一定要使用命令式的口吻。他的意思是，父母如果想干干脆脆地毁掉孩子，就请对孩子大吼大叫吧。

2. 为什么别人的孩子很爱妈妈，而我的孩子却总是与我处处作对

别人的孩子很爱自己的妈妈，是因为他们的妈妈让孩子感受到了自己的爱意，而你的孩子总是和你处处作对，是因为他并没有觉得你很爱他，那么他又何必爱你呢？相信天下所有的妈妈，对孩子的爱意都是一样深厚的，但为什么孩子所感受的爱意却不同呢？原因很简单，因为那些别人家的妈妈平常让孩子做一些事情时，不会摆出一副高高在上的命令式的样子，不会绷着脸要求孩子做事情，而是温柔地让孩子去穿好衣服，温柔地让孩子跌倒了再站起来。相反，当孩子哭闹时，妈妈如果总是一副心烦、焦虑，大声斥责孩子的样子，那么孩子也会潜移默化地受妈妈影响，对他人不够有耐心。所以，温柔教育的方式，对孩子性格培养很有好处，能够培养孩子不骄不躁的脾气性格。

3. 为什么别人的孩子会好好跟妈妈沟通，而我的孩子却总以生气收场

沟通是需要技巧的，从神态、语言到行为，都是要讲究技巧的。你跟孩子说话的时候，可不可以蹲下来，看着他的眼睛，让他觉得大家是平等的？你替他做一个决定的时候，能否认真地征求一下他的意见，哪怕他还不到 3 岁？你想指出孩子错误的时候，能否顾及一下孩子的自尊心，把他悄悄地拉到一个角落？你时时尊重他，才能更好地理解孩子叛逆行为背后的真相，才能对叛逆期的孩子做好正确的引导。

如果妈妈总是高声责骂孩子，孩子的反抗声会更"高"一筹，结局则是以"两败俱伤"收场。所以，妈妈要努力学做一个温柔的妈妈，以平和的方式跟孩子进行沟通。即使孩子非常调皮、任性，也千万不可使用语言暴力。

面对负面情绪，如何有个好心情

　　人应该天天有个好心情，这样才能以饱满的精力和热情去工作、生活和学习，才能创造出精彩纷呈的生活。但是，这恰恰是很难实现的事情，因为谁都无法保证自己每天都能有个好心情。

　　同样面对夏天，有的人只是感受到了它的酷热，有的人却懂得欣赏夏夜的星空，关键在于你以什么样的心态来看待它。我们来看下面一个小故事。

　　亚里桑那沙漠的高温都快把马铃薯烤熟了，保尔觉得即将到来的夏天会把自己热死。现在才刚刚 4 月份，接下来 3 个月炼狱般的生活马上就要来了。

　　一天，保尔开车到小镇的加油站加油，和加油站的主人马克先生聊起了这里可怕的夏天。"哈哈，你没必要为将要到来的夏天感到害怕。"马克先生说，"你越感到害怕，越觉得夏天来得更早，结束得更晚。"

　　加完油付钱时，保尔思考着这番话，他意识到马克先生说得有道理。在自己的感觉里，夏天不是早已经来了吗？

　　"唉！又将是 3 个月的热浪肆虐，这个该死的夏天！"保尔嘀咕着。

　　"像迎接美好的馈赠那样对待酷暑的来临吧，"马克先生一边说着，一边给保尔找零钱，"其实夏天会给我们带来各种美好的礼物……你设想一下：六月的黎明，淡蓝的天空挂着一抹玫瑰红，就像少女羞红的脸；七月的夜晚，满天的繁星就像一颗颗璀璨的钻石……"

　　神奇的是，保尔听到这番话，果然不再害怕夏天的来临了。

　　当炎热的夏季真的到来时，清晨，保尔在难得的凉爽中修剪草坪与花木；中午，他和家人舒舒服服地在房子里睡觉；晚上，他和孩子们在院子里吃冰激凌，喝冷饮。整个夏天，保尔就在这种愉快的生活中悄然度过，他感觉很幸福。

生活中，常常有人抱怨：快乐究竟在哪里，它为什么总与我擦肩而过？其实，不是快乐与我们无缘，而是我们不懂得知足常乐，不懂得发现生活的美。在面对焦虑、失望的负面情绪时，我们该怎么办呢？

1. 妈妈要尝试接受负面情绪

当妈妈灰心丧气、焦虑和压抑时，首先要做的事情是识别、接受这些负面情绪，然后再想办法去缓解它。心理学家认为，识别自己的情绪、给它们打上准确的标记是情绪管理的开始。这是因为，当情绪产生时，你需要知道自己经历了什么，才能把握好自己可能出现的生理、行为反应，才能有的放矢地去应对每一种具体的情绪。比起那些能够准确地描述自己情绪的人，那些感到糟糕，而不能准确辨认自己所经历的情绪究竟是什么的人，更容易陷入一种被情绪控制的感觉。

因此，当负面情绪存在时，妈妈一定要坦然地接受它，觉得这没有什么可怕的，接受它，然后应对它就可以了。

2. 列出适合自己解压的办法

每个人缓解压力的方式都不同。面对压力，有的人喜欢吃东西，有的人喜欢喝酒，有的人喜欢唱歌，有的人喜欢痛哭一场，等等。总之，在不伤害自己和他人的前提下，我们可以列一张减压的单子，上面写上几种能够帮助自己减压的方式，比如第一种是找朋友吃饭，第二种是去公园跑步，第三种是看两期欢快的综艺节目等。然后按照这些清单去一一执行，没准等你执行到第二个计划时，你的心情就已经放松了。

3.　别让自己太注重"自我"的感受

心理学家认为，很多情绪的根源在于太过于强调"我"的存在。比如别人是不是对"我"有什么样的看法；别人这样说话打击了"我"的自尊心；为什么"我"这么倒霉；为什么"我"这么失败，等等。

因此，有的时候，别太注重"自我"的感受，别太把"自我"当回事，这样反而会抛弃掉很多烦恼。其实"我"并没有自己和别人想象得那么重要，随性就好。

吵架时拿孩子撒气是最没出息的父母

世界上没有不吵架的夫妻，即使再恩爱的夫妻，也会有吵架的时候。但需要提醒的是，夫妻吵架时，千万不要迁怒于幼小的孩子。我们应该记住，孩子是降临到家庭中的天使，是需要父母用心去爱着的宝贝，千万不要觉得孩子幼小，就肆无忌惮地把孩子当作出气筒，这对孩子的身心伤害是非常大的。

我们来看看下面这对夫妻吵架而迁怒到孩子身上的案例吧。

小张和小王是一对小夫妻，两人育有一个 3 岁的儿子，平时小两口对孩子宠爱有加，家庭生活还算幸福美满。可是美中不足的是，小张和小王脾气都比较火暴，两人偶尔会起争执，而且一争执起来就对孩子不管不顾。

有一天，两个人因为饭后谁洗碗的事情又起了争执。小王认为自己带孩子做饭很辛苦，丈夫小张应当主动洗碗，小张却认为自己上了一天班也很累，吃完饭应该好好休息一下。就这样，两人唇枪舌剑，火药味越来越浓，终于大吵了起来。

儿子正在一旁兴高采烈地玩恐龙拼装玩具，可是怎么也拼不上，于是过来央求妈妈。小王本来心情就很烦躁，于是冲儿子嚷道："一边玩去，别来烦我！"儿子望着妈妈愤怒的面孔，怔怔地愣在那里，不知如何是好。

2~3 岁，是孩子建立安全感的关键时期。父母在这个时期，一定要用心地呵护孩子幼小的心灵，让他觉得人生是一件很美好的事情。如果父母动辄把孩子当作撒气的工具，那么对孩子的成长而言是非常有害的。

作为父母，我们一定要提高警惕，意识到夫妻吵架，拿孩子撒气是一件多么自私、不负责任的表现。

1. 夫妻吵架，是弱者对付不幸的手段

《穆斯林的葬礼》中有这样一句话："我的父母都是弱者，相互发泄是弱者对付不幸的唯一手段。"这句话对吵架的夫妻多少带着一份同情和体谅，但是，我们应该意识到，通过吵架来相互发泄，的确是一种非常可悲的手段。你以为自己的声音比对方大，嗓门儿比对方亮就胜利了，其实不然，幸福的婚姻生活应该是一种"春雨润无声"的温情，你有错的时候，我包容你；我有错的时候，你理解我。大家因为爱和心疼才愿意包容对方的一切错误和缺点，愿意陪着他慢慢变得成熟起来。

2. 父母要意识到吵架对于孩子的危害

在夫妻经常吵架的家庭中长大的孩子，有的自卑、敏感；有的怯懦、胆小；还有的容易暴躁，甚至有暴力倾向。很多人都曾这样表示：当父母吵架

的时候，每一分钟都是煎熬，恨不得马上逃离这个家。因为感受不到家的温暖与和睦，所以这些孩子对待亲情也显得异常的淡漠，很难做到在父母面前撒娇、任性，甚至成年后很长时间都不愿意回家。

当父母沉浸在唇枪舌剑中时，别忘了身后孩子那双恐惧、怯懦的眼睛，还有孩子长大后无法摆脱的自卑、敏感、暴躁的性格阴影。

3. 吵架时拿孩子撒气是最没出息的父母

夫妻吵架时，喜欢拿孩子撒气的父母是天底下最没出息的父母。平日的生活中，夫妻两个人的想法不一致时，很容易产生争吵。这时候，有的夫妻会理性地站在对方的立场换位思考，力求和平解决矛盾。然而，有的夫妻吵架时不去理性沟通，心里的怨气又无处发泄，于是就把孩子当作出气筒。

事实上，这是一种典型的情绪绑架的心理，夫妻两人吵架，怒火得不到宣泄，就随意找个理由找孩子撒气。这种处理方式会让孩子产生自卑情绪，使其长大以后也会变得易怒、不愿意认错、习惯于推卸责任和找借口。

如果父母总是把吵架的原因归结到孩子身上，时间久了，孩子就会觉得自己不够好，不够乖，不够听话，这样很容易缺乏自信心，更加敏感，也更容易形成讨好型人格。另外，等孩子长大以后，在面临学业、工作、婚姻等各种复杂的关系，他也会经常不知道如何以正确的方式跟对方相处。尤其当他踏入婚姻之后，会不自觉地启动父母曾经的吵架模式，同时延续父母的教育方式，将自己的怒气撒在孩子身上。

工作不如意，也别把不良情绪带回家

从心理学的角度来讲，人在发泄不良情绪的时候首选的对象往往是自己最亲近的人，因为最亲近的人会心疼自己、理解自己、不会轻易离开自己，所以家人就成了我们发泄情绪的最好对象。然而家人是无辜的，他们也会有自己的烦恼和痛苦，不应该成为我们不良情绪的发泄对象。

作为身在职场的妈妈，我们一定要明白，工作是工作，生活是生活，这二者是不同的，一定要把这二者分清楚，否则容易将工作上的不良情绪带回家，影响全家的幸福和快乐。

心理学上有这样一个小故事，我们先一起看一看吧。

一位先生是一家公司的行政经理，他因为工作失误，被公司老板狠狠地批评了一通，而且还被扣掉了当月的奖金。

这位先生一想到自己还没到手的奖金就这样付诸东流，很心疼，一天也高兴不起来，心情沮丧到了极点。

下班回到家里，先生看见老婆这么晚了还没有把饭做好，火气一下子就蹿上来了，他冲老婆吼道："怎么搞的，都这么晚了，还没有把饭做好！"老婆听了，心里也很憋屈，一肚子的火气无处发泄。

这时，孩子跑来哭着、闹着非要妈妈抱，妈妈心里正烦着呢，就随手打了孩子一下，孩子觉得自己无缘无故被打，哭得更厉害了，心中的怨气也无处发泄，就踢了身边的小花猫一脚，小花猫疼得喵喵叫，可怜巴巴地望着这个家庭里每一张难看的面孔。

这就是把工作上的不良情绪带回家之后，所造成的恶性连锁反应，在心理学上被称为"踢猫效应"。这个故事中的主人公，显然并不是一个合格的丈夫，同样的，他的爱人虽然是被动受到情绪波动的一个受害者，但她作为妈妈，转身又将自己受到的委屈转嫁到了幼小的孩子身上，弄得一家人都不开心，同样不是一个合格的妈妈。说到问题的根源，在于这位爸爸没能正确处理好工作和生活的关系，不懂得收敛自己的不良情绪，从而使工作上的烦恼殃及了整个家庭。

不能控制自己的不良情绪，是导致婚姻失败和孩子心灵受伤的罪魁祸首，所以，作为妈妈，我们一定要学会控制好自己的不良情绪，千万不能将怒火引到无辜的家庭成员身上。

1. 学会跟家人换位思考

有位妈妈说，她曾经工作上一遇到烦心的事情，回到家就对自己的老公唠叨一通，然后再借机对孩子胡乱发火。然而，随着工作阅历的增加，她慢慢觉得家人其实也挺无辜的，他们也辛苦了一天，为什么要接受无谓的责备呢？并且这还很伤夫妻之间的感情。所以她现在的做法通常是，如果工作中有不开心的事，在进门时还没有消退，就直接告诉丈夫："老公，我今天心情不好，需要调整一下，等一会儿没事了再找你说话。"这样说了以后，老公就会知道她心情不好，给她留出一段冷静的时间，这样就有效避免了一场家庭大战的发生。

不得不说，这是一位能够有效管理自身情绪的高情商妈妈，非常值得我们学习。

2. 有的时候，不妨把工作看淡一些

持有一种淡定的心态，对于我们保持良好的情绪十分重要。与生命和幸福相比，工作其实没那么重要。除了生死，都是小事；除了快乐，都是浮云。有这样一种淡定的心态，你心理上会轻松很多。

所以，不妨把工作看淡一些，该工作的时候就努力工作，一旦回到家，

就不要考虑工作上的事情，好好地放松自己，关心家人吧。

3. 提醒自己回家要开心

有的时候，别把自己看得太重，地球离开我们，照样运转。然而，唯有家人离不开我们。

有一个下班后匆忙回家的女人，她路过商场的玻璃橱窗时，随意一瞥，竟然在橱窗里看到了一个眉头紧锁、面容憔悴的女人。天哪，她简直无法相信此时橱窗里的那个浑身上下都透着昏暗色彩的女人竟然是自己！她不禁打了一个冷战，开始反思起自己的日常生活来。她每日忙于工作，却把本该温馨的家庭抛到了脑后。记忆中，自己好像很长时间都没有陪着孩子一起做过游戏了，也好久没有陪着同样忙碌的丈夫好好坐下来聊聊天了。自己什么时候变成了这样的女人？于是，她暗自下决心：从今天进家门开始，尝试笑着与孩子和丈夫沟通，即使孩子淘气、调皮，自己也要尽可能地温柔以待。结果那一天晚上，她发现整个家庭都因为她的改变而变得更加温馨和睦了，孩子赖在她的怀里撒娇，丈夫仿佛也不再那么烦躁，生活真的改变了很多。

家应该是一个温暖、有爱的地方，妈妈有义务、有责任给家庭带来幸福和快乐，而不是让家成为容纳我们不良情绪和语言垃圾的回收站。

再"烦"也要做个温柔的好妈妈

现如今随着工作节奏的加快，生活压力的增大，家庭里涌现出了越来越多的暴躁型妈妈。我们经常在大街上遇到一些带孩子的妈妈，不知道什么原因就突然冲着自己的孩子大叫大嚷，有时也不乏大打出手的场景出现。孩子被揍一顿之后，自然是大哭大闹，委屈至极，而这些妈妈却似乎并没有为自己的暴躁行为而感到丝毫的愧疚。

两岁八个月的琦琦喜欢坐在客厅的垫子上玩玩具，每次玩玩具时，她都喜欢"呼啦"一下子把所有的玩具都倒在垫子上，把垫子弄得乱糟糟。

刚开始的时候，妈妈总是试图认真地跟琦琦讲解乱放东西的坏处，比如"下次再用就找不着了"，刚讲完的时候，琦琦总是点头表示听懂了，可是下一次玩的时候，她又开始把玩具扔得乱七八糟，自己想玩哪个玩具了，一时半会儿又找不着，这让妈妈非常头疼。

左思右想之后，妈妈换了一种解决方式。她去商场为琦琦买来了几个漂亮的盒子，对琦琦说："宝贝，咱们今天一起动手给这些玩具们分分家吧，以后玩完玩具之后，我们就一起让玩具宝贝们回到自己的家里好不好，不然他们找不到自己的爸爸妈妈，会伤心的。"琦琦听完，认真地点了点头。自此以后，她竟然真的做到了不再乱扔玩具，而且还会在结束之后温柔地让所有的玩具宝贝都能"回家"。

看完这个案例，妈妈们是否有所感触？大家都想养育一个优秀、懂事的好孩子，殊不知这样的孩子身后，大多站着一个温柔、智慧的妈妈，这些妈妈知道，动辄吼叫、打骂的方式并不能让孩子养成一个好习惯，相反，一些轻声细语的建议，温柔地讲道理，反而能够打动孩子的内心，更愿意与你合作。

那么，如何才能成为一个温柔大方、善解人意的好妈妈呢？我们不妨试试下面几个办法：

1. 温柔的妈妈会用幽默化解尴尬

孩子难免会有不听话的时候，有的时候，妈妈因为面子上挂不住，就采用大声呵斥或者打骂的方式来对待孩子，弄得孩子也很尴尬。其实面对孩子的一些言行，妈妈们不需要搞得那么紧张和严肃，把事情简单化、轻松化，幽默化一点儿会更好。

> 有一次欢欢妈妈带着 3 岁的欢欢去超市购物，她们在货架前看到一位孕妇穿着孕妇装正在挑选商品，欢欢指着孕妇对妈妈说："妈妈，你看那位阿姨像不像袋鼠？"孕妇听到这话，尴尬地笑了笑。妈妈则温柔地对欢欢说："妈妈生你之前也是这么穿的，后来就生下了你这只'小袋鼠'。"说着还朝欢欢的小鼻子上轻轻刮了一下，欢欢笑着跑开了。

这位妈妈用自嘲式的幽默化解了尴尬，而且也恰当地包容了孩子的无心之过，值得妈妈们学习。

2. 温柔的妈妈一般会对孩子更加宽容

温柔的妈妈在面对孩子的逆反行为时，会主动理解孩子叛逆行为背后的心理需求，并尊重孩子的这一成长规律，而不是一出现问题就用打骂的方式惩罚孩子。她们非常认同 2~3 岁孩子的一些行为，一般都是无心之过。既然如此，对于孩子的种种言行，就应该多一些宽容和理解，而不是动辄打骂。做一个温柔的好妈妈不仅有利于孩子的成长，而且也有利于家庭的和谐与稳定。

3. 温柔的妈妈一般会对孩子非常有耐心

温柔的妈妈一般也是一个对孩子非常有耐心的妈妈，她们能够理解孩子不小心犯下的错误，还愿意陪着孩子一起改正。

美国有个医药发明家，回忆起自己的成长历程，他说自己很幸运，因为他拥有一个"好妈妈"。他小时候非常喜欢喝牛奶，有一次他自己打开冰箱取牛奶时，不小心把整罐牛奶都打翻了。

当时，他吓得站在原地，浑身发抖，他原本以为妈妈会狠狠批评他一顿。结果妈妈走过来对他说："哇！妈妈长这么大，都没有看见过这么漂亮的牛奶海洋呢，不过你愿不愿意帮妈妈一起把地上的牛奶打扫干净？"听到这话，他如释重负，轻轻地点了点头。于是妈妈就拿着抹布、水桶等工具，带着他一起把地面打扫得干干净净。之后，妈妈还耐心地教他应该如何从冰箱取牛奶，以免下次再打翻奶罐。

这位发明家口中的"好妈妈"，是当之无愧的温柔妈妈，她也许会有自己的烦恼、自己的情绪，但面对孩子的调皮捣蛋，却把自己最美丽温柔的一面展示给了孩子，让孩子感受到了最幸福的成长旅程，从而能够自信、快乐地长大。

不发火妈妈的 5 条原则

在教育 2~3 岁孩子的过程中，妈妈们经常会遇到各种着急上火的事情，同一个问题，跟孩子说过好多遍之后，如果孩子仍然犯错的话，妈妈的火气肯定会不由自主地腾地冒上来，轻则斥责孩子，重则动手，对着孩子发泄自己的怒火。

> 有一次，妈妈正在教 3 岁的晴晴用筷子吃饭，晴晴总是掌握不好要领，一再地出错。妈妈刚开始还有耐心慢慢引导晴晴重来，但三番五次之后，她便不耐烦了。于是冲着晴晴大声嚷道："你怎么那么笨呢？我都说过多少遍了，你怎么记不住？"晴晴可怜巴巴地望着妈妈，眼睛里噙满了泪水。

案例中这位妈妈的做法除了让孩子领略到低情商之外，对她改正错误并不能起到任何实质性的作用。所以，我们要努力克制自己的情绪，让自己做一个"不发火"的妈妈，给孩子更包容的成长空间。

要成为一个"不发火"的好妈妈，我们要坚持以下 5 条原则：

1. 妈妈要善意地理解孩子的行为

作为妈妈，我们要善意地理解孩子的行为。当孩子在我们面前出现一些常人不能理解的错误行为时，妈妈千万不要急着给孩子下一个"坏孩子"的定义，而应该认真地分析孩子行为背后的真实想法，正确理解并引导孩子的错误行为。

比如，有的孩子喜欢"动手"，妈妈不能采取以暴制暴的方式纠正他，而应该采用正确的方式进行引导。心理学家弗洛伊德认为：攻击别人是孩子成长的动力，孩子在攻击别人的过程中逐渐成长。对于孩子的攻击性行为，大人需要站在孩子的角度，找到孩子动手的原因，然后再用游戏或正面引导的方式让孩子知道应该怎么做。

2. 妈妈应给孩子一个承认错误的时间

承认错误需要一个等待的过程，如果你逼着孩子以最快的速度认错，那么孩子的认错态度就有可能是不诚恳的。

我们来学习一下这样的做法。当孩子把刚刚拖干净的地板踩得满地脚印时，当孩子把刚换上的新衣服画得满是笔痕时，当孩子吃饭时把餐桌搞得全是油渍和饭菜时……妈妈们，请给自己预留几分钟的缓冲时间，同时也给孩子几分钟意识错误的时间，当妈妈眼睛直视孩子，保持沉默的时候，孩子会在心里默默反思：是不是做了惹妈妈不开心的事情，他会主动分析自己的行为是否合适、正确，这种反思效果远远要比妈妈大声责怪更为深刻。

3. 妈妈要提前告诉孩子规则是什么

妈妈要提前帮助孩子树立起基本的"规则意识"，告诉孩子，所有事情的规则是什么，越过这些规则，你可能会受到一些伤害，妈妈说不定也会因此忍不住生气。

在孩子小的时候，我们可以告诉孩子一些基本的公共规则，比如告诉孩子要遵守交通规则，遵守公共秩序，在公共场合不能大喊大叫、追逐打闹。以图书馆为例，在宝宝2岁左右的时候，可以让他自己从固定的地方取放图书，到固定的书桌前来阅读，这样等宝宝长大以后，他就能很好地遵守图书馆的各种规则了。

同样，妈妈在孩子2~3岁时，还应该教给他一些基本的就餐规则、交往规则、玩耍规则，等等。这些规则，一方面能够引导孩子规范自己的言行举止，另一方面也可以让妈妈少操一些心，少生一点儿气。

4. 妈妈应想办法让自己尽快消气

当想要发脾气的时候，妈妈应该掌握一些能让自己很快消气的好办法，及时控制住自己的坏脾气。比如，可以在情绪爆发之前，在心里反复默念 10 遍或者 20 遍"我要温柔说话""我要温柔说话"……不要小看默念的力量，它会让你在时间的流逝中，变得稍微冷静一些；再比如，还可以在想发脾气之前，拿起手机，关上房门，让自己看半小时的娱乐新闻，或者看一些有意思的短视频，总之用任何能够把自己从这个暴怒的场景之中带离的方法来压抑怒火，半小时过后，你会发现，其实事情没那么糟糕。

5. 妈妈千万别对孩子期望太高

期望越高，失望也就越大，孩子有自己正常的成长轨迹，不因我们外在的焦虑与否而改变多少。我们要耐心地看待孩子的每一点进步，孩子变得开朗了，变得友爱了，作为妈妈，可以适当地夸奖一下孩子，孩子未来也会愿意更加努力地进步。妈妈们千万不要期待孩子的能力一下子就得到很大的提高，不要期待孩子的性格一天就能达到你的预期，凡事都有一个转变的过程，否则孩子一旦没有达到你的期待目标，你就会忍不住对他发火抱怨，这样对双方都是一种折磨。

我们应该意识到，孩子不可能永远不犯错，自己也不可能永远不发火，当孩子出现错误的时候，告诉自己平静地接受它，当自己控制不住情绪时，告诉自己诚恳地面对它。真正的情绪管理，绝对不是靠"忍"就能解决的，如果我们想从根本上控制情绪，还是要在日常生活中多下功夫，多思考、多看书，调节好内心才是最为关键的解决办法。

第五章

2~3岁叛逆期，
妈妈一定要懂点儿童心理学

2~3岁，是孩子面临的第一个叛逆期。处于这个叛逆期的孩子会出现很多让妈妈们头疼的问题，比如：孩子可能变得爱发脾气，一点小事就能让他瞬间大哭大闹起来；孩子会变得特别任性，想看动画片就得立即看，否则就会撒泼哭闹；甚至，这个阶段的孩子还可能会出现撒谎的小毛病，不想做妈妈让他做的事的时候就对妈妈说自己"肚子疼"……这些让妈妈烦恼的叛逆问题，背后隐藏着哪些心理学秘密呢？

是什么让孩子变得爱生气，爱发脾气

很多妈妈都有这样的体会，那就是孩子 2~3 岁时好像变了个人一样，特别喜欢发脾气，凡事都喜欢对着干，即使妈妈好声好气地跟他说话，也有可能换来他的一顿顶嘴，弄得妈妈莫名其妙。

其实，这是因为 2~3 岁的孩子正在经历人生中的第一个叛逆期。

2~3 岁是孩子自主能力的形成期，这时孩子的自尊心开始出现，同时也非常容易以自我为中心，非常任性。而且这一阶段的孩子非常需要秩序感，但由于不善表达，因此对物品表现出强烈的占有欲，他们不愿意跟别的小朋友一起分享自己的零食和玩具，所以这一时期也叫"执拗期"。另外，2~3 岁的孩子非常自命不凡，也特别容易受挫，由于不会正确表达情绪，所以显得脾气很坏。

具体表现为以下几点：

（1）喜欢说"不"。大人不让他做的事情，他偏偏要跟大人作对，非要去做。

（2）喜欢发脾气。随便一点小事情就会不开心，动不动就哭闹，随手扔玩具。

（3）喜欢大喊大叫。一旦不能满足他的愿望或者不如意，就会大喊大叫。

（4）喜欢在别人说话时插嘴。爸爸妈妈在聊天的时候，他喜欢参与进来，时不时地发表一句"看法"，从而提醒父母，我也在这里呢！

（5）喜欢乱扔东西，搞破坏。玩具到处扔，甚至拆得七零八落。

我们来看看下面这个案例。

3 岁的瑞瑞最近上幼儿园了，妈妈听老师说，他在园里表现非常好。可奇怪的是，一回到家，瑞瑞却表现得一点儿也不听话，动不动就大哭大闹，任由家人怎么劝说他都不听。妈妈有时候在忙家务，没能及时看护瑞瑞，瑞瑞就自由去做任何他想做的事情，结果不是打翻了水杯，就是弄脏了地板。妈妈情急之下，忍不住就会打瑞瑞，可时间久了，妈妈发现打骂根本不管用，让他吃饭，他就把饭含在嘴里不吞下去，过后又把它吐出来，妈妈生气地打了他的手心，然后问他："下次还吐饭吗？"瑞瑞哭着说："我就吐！我就吐！"

这个案例中孩子的行为就属于叛逆期的典型表现，倔强、不听话，即便妈妈如何打骂也无济于事。非常不幸的是，这位妈妈看起来并没有意识到自己的孩子正处在 2~3 岁叛逆期这样一个关键的阶段，所以采用了一种最为笨拙的高压政策——打骂。但是，高压政策会让孩子失去良好的判断力，也许他会因为幼小而屈从于妈妈的震慑，暂时以"不肯回家"作为逃避的办法。但这样做会让孩子产生很多不良情绪，这些不良情绪一旦得不到良好的排解，很可能会对他的心理健康造成难以修复的伤害。

因此，妈妈一定要掌握 2~3 岁叛逆期孩子的言行特征，并能够采取一些科学、有效的应对办法，帮助孩子顺利地度过这一叛逆期。那么，当孩子表现出叛逆行为时，担当教育重任的妈妈，又该如何应对化解呢？

1. 要用足够的爱和耐心来对待孩子

面对 2~3 岁的孩子，妈妈一定要给予孩子足够的爱和耐心，不能被孩子表面上的叛逆蒙蔽了双眼，变得焦虑、暴躁。当孩子表现出一系列的叛逆行为时，妈妈千万不要打骂孩子，滥用权威或命令、强迫孩子等，这样会导致孩子产生抵触情绪。比如，你在忙着做饭，孩子却哭着非要你给他讲一个故事，这个时候，你应该耐心地告诉孩子："妈妈在忙，过一会儿保证给你讲，好不好？"必要的时候，要让孩子承受一些忍耐和等待，即使他的要求是合理的。如果妈妈能够耐着性子满足孩子的合理要求，你的不急不躁也会潜移默化地影响孩子慢慢地理解妈妈的用心。

2. 适当给孩子一些选择权利

面对 2~3 岁叛逆期的孩子，我们可以适当给孩子一些选择权利，尊重他们的意愿而非一味固执地拒绝。比如，晚上睡觉前给孩子冲奶粉的时候，问孩子想喝多少，让他自己指一下刻度，孩子会觉得自己的意愿得到了尊重，慢慢地也能学会为自己的选择负责。如果孩子晚上不愿睡觉，你可以问他"再讲 5 分钟故事，或者听 10 分钟儿歌再睡觉好不好？"零食时间完全让他选择吃什么，是水果、坚果，还是酸奶、面包、饼干等。这种多项选择法在与处于 2~3 岁叛逆期的孩子打交道的过程中十分有效，这会让孩子喜欢上自己拿主意、做决定的感觉，并且能够很好地让孩子学会承担，毕竟方案是他自己选择的，所以他执行起来也会十分利落。

3. 忽视孩子的一些无理要求

虽然说妈妈在对待 2~3 岁叛逆期的孩子时要有足够的爱心和耐心，但并不意味着妈妈就要一味地迁就孩子。相反，如果孩子提出无礼的要求，比如要求妈妈必须给他买一个玩具汽车，不买的话他就躺在地上撒泼打滚，遇到这种情况妈妈一定不能满足他，一次也不能妥协。孩子很聪明，他会用哭闹的方式试探性地观察妈妈的态度，如果妈妈一时心软，给他买了玩具，那么下次他依然会采用哭闹的方式"胁迫"你。因此，妈妈一定要态度坚决地拒绝，之后再和孩子耐心沟通。

总之，孩子的 2~3 岁叛逆期对其一生的成长都非常关键，因此，妈妈一定要帮助他们平稳地过渡好。要知道，妈妈在这个阶段采取怎样的教养态度与方法，与孩子互动的结果是正向还是负向，对孩子形成健全的人格起着非常重要的作用。

蹲下来，你才能看到孩子眼里的世界

孩子眼里看到的世界，跟我们大人完全不同，你知道吗？

木木的妈妈带木木去逛商场，她觉得商场里有好玩的游乐设施，木木一定会喜欢。可是到了商场，妈妈发现木木在商场里一点儿也高兴不起来，甚至有点儿不耐烦，吵着闹着非要回家。妈妈不明白，一向喜欢玩的木木怎么会不喜欢这么热闹的商场呢？于是她蹲下来耐心地问木木："宝贝儿，你怎么了？"木木拉着妈妈的衣角说："我不喜欢这个地方。"就在此时，蹲在地上的她忽然明白了，站在孩子的角度看周围，只能看见一条条的人腿，以及一些高高的柜子，一点儿也不赏心悦目，反倒让人感觉很不舒服，而从大人的高度，是看不见这些的。

有一句话叫作"蹲下来和孩子说话"，意思是大人应该蹲下来看着孩子的眼睛，以平等的身份和孩子进行沟通。美国著名心理学家德华·桑代克说："父母只有站在孩子的角度去看问题，才能理解孩子的心理需求，而不武断地下结论，这样才能减少亲子之间的冲突，赢得孩子的信任。"

我们不妨来看看下面这个案例吧。

有一次，小花的妈妈和月月的妈妈带着她们俩到公园游玩，妈妈们在前面走，小花和月月跟在妈妈后面走。不一会儿，小花就蹦蹦跳跳地跑到了妈妈前面，而 3 岁的月月却走得很慢，而且她一会儿追追蝴蝶，一会儿逗逗蚂蚁，离妈妈越来越远。

月月妈妈见女儿落了单，大声嚷道："月月，你走得太慢了，快点儿！看看小花走得多快！"说完，妈妈便回头拉着月月的胳膊，愤愤地往前面走去。月月被妈妈拽得一个趔趄，差点摔倒在地上，伤心的她索性蹲在地上号啕大哭起来，无论妈妈怎么哄都没用。月月觉得心里很委屈，自己比小花小，自然追不上小花，可是妈妈却不顾这些。想到这里，月月哭得更大声了。

接连经历过几次类似的事情后，月月妈妈也开始反思自己的教育方式，认为自己没能站在女儿的角度考虑问题，让女儿受到了不少委屈，于是她下决心先改正自身的问题。

这个案例中的妈妈，刚开始由于没能站在孩子的角度考虑问题，对孩子产生误解，指责孩子不够认真努力，后来她反省了之后，才意识到了自己的问题，并主动改正。

所以，作为妈妈，有的时候不妨"蹲下来"，尝试站在孩子的角度看看这个世界。

1. 站在孩子的角度，理解孩子行为背后的真实原因

有的时候，孩子做出某些不合适的行为，并不是故意犯错，而是妈妈没有读懂他行为背后的真实原因。有一位妈妈，晚上陪孩子在桌子旁做手工，刚开始的时候气氛非常温馨，妈妈在一旁十分开心地看着孩子用彩泥捏着玩，偶尔看到一两处错误，便和颜悦色地及时指出来，孩子也乖顺地改正了，但连续指正五六次之后孩子就不高兴了，把彩泥摔到一边，不捏了。

但是这位妈妈却不明白，孩子突然发起脾气来，其实是因为妈妈没能读懂孩子的心思，孩子原本只想自由自在地捏彩泥，或许他只是单纯地享受捏这种特殊材料的感觉，所以，即使他出错了，捏得四不像，妈妈也不应该打扰他这种美妙的感觉与心情，完全可以事后再耐心地给孩子指出来。站在孩子的角度，换位思考一下，如果你做事情的时候三番五次被打断，你会不会生气呢？

2. 站在孩子的角度，才能和他成为"共情"的朋友

很多时候，妈妈与孩子好似两条平行线，情感上难以形成共鸣，那正是因为我们没能站在孩子的角度看问题。

当心爱的冰激凌不小心掉到了地上，孩子有可能会哭得上气不接下气，而有些妈妈对此表现出的自然反应却是："没出息，多大点儿事啊，重新买一个不就行了？"但是，在孩子的世界里，那个不小心掉在地上的冰激凌可能是他"全部的喜悦"。你不能站在孩子的角度体验他的痛苦，便不能说出理解他的话语来。妈妈如果能够站在孩子的角度看待这个问题，就能对孩子此时的痛苦感同身受，也会因此蹲下来温柔地抱抱孩子，好好地安慰他一番，然后再带着孩子买一个新的冰激凌。这样做，妈妈才能够更好地走进孩子的内心世界，成为能够与他"共情"的知心朋友。

孩子任性，是因为他缺乏正确的认知和判断能力

孩子任性的时候是什么样的表现，相信很多妈妈都不陌生。然而，孩子任性背后的真实原因究竟是什么，很多妈妈却全然不知。

妈妈们是否有过这样的体会，当孩子认定自己做的事是正确的时候，就会执拗地"坚持真理"。比如，孩子大方地拿出自己心爱的玩具，与别的小朋友一起分享，这时，他突然看见小朋友手里的新玩具，就会执拗地认为小朋友也应该像他一样大方地拿出玩具一起分享。如果小朋友不能遵从他的意愿，他就会感到失望和生气，做出抢夺的举动来。

其实，孩子的任性表现跟他的认知和判断能力息息相关。某些时候，当

他坚持认为自己的想法是正确的，就会执意要求大人按照他的意愿去做事，如果大人表现出拒绝的态度，他便会大哭大闹。蒙台梭利认为，儿童从出生到 3 岁处于无意识吸收阶段。这一时期的儿童通过感知和动作探索环境，同时学习所处文化的语言。儿童会记住这些经验，但这些经验不能因儿童的使用需求而有意识地提取。也就是说，3 岁之前的孩子很多时候会根据自己的经验而非认知去认识事物，结果他们很可能因为对事物认知的偏差而做出错误的举动。我们一起来看看下面这个案例。

> 一天中午，妈妈和 3 岁的贝贝准备午睡，贝贝突然想让妈妈给她踩背，妈妈就躺在床上用脚轻轻地搭到她的背上，结果贝贝立刻大叫："不是这样，要站起来！"妈妈马上明白，原来妈妈经常让贝贝帮她踩背来缓解腰背酸痛，贝贝此时也想体验一下。可是妈妈觉得自己太重了，会弄伤贝贝的身体，便拒绝了贝贝的要求。贝贝一听，便哭喊着说道："要踩背，要踩背……"妈妈被贝贝的哭喊声弄得有些恼火，于是生气地穿好鞋子，关上房门，把贝贝一个人关在卧室里任她哭闹。
>
> 过了一会儿，妈妈忽然意识到自己的错误，孩子只有 3 岁，并不理解其中的道理，才会没完没了地哭闹不已，给她讲明白道理应该就可以了。于是妈妈拿了一个纸箱子走到贝贝的面前，一脚踩上去，结果纸箱子马上被踩扁了。看到这种情形，贝贝停止了哭闹，再也不吵着让妈妈给她踩背了。

案例中的这位妈妈很耐心地跟孩子解释了不能在背上踩的理由，孩子才认识到这是一个会伤害到她的举动，也就自然而然地改变了任性的想法。这个案例可以给我们以下几点启示：

1. 耐心地了解孩子任性的原因

孩子的任性有时候只是在坚持一件自己认为对的事情而已，如果妈妈不了解孩子的心理，不问缘由地用训斥、打骂等方式回应孩子的一切"不合理要求"，反而会导致孩子产生逆反心理，凡事以执拗来对抗妈妈的粗暴行为，长此以往，容易助长孩子的任性行为。

2. 暂时转移孩子的注意力

在孩子"钻牛角尖"的时候，如果妈妈一味给他灌输各种道理，他其实压根是听不进去的。这个时候，不妨尝试转移一下孩子的注意力。事实证明，转移孩子注意力是解决任性的好方法，比如孩子吵着、闹着非要养条狗，这个时候妈妈可以带他到公园去看看小鸟或者小鱼，可爱的小鸟或小鱼会把他的兴奋点转移开，使他从任性中解脱出来。

3. 适当进行冷处理

如果通过上述两种办法，孩子依然任性不止，那么不妨采取一下冷处理的办法，"冷淡"他一段时间，让他好好地发泄一下自己的情绪，待他沉不住气主动接近你时，你再抓住这个时机，严肃地向他讲清楚不满足他无理要求的原因，指出他的任性行为是不对的，让他保证下次不再这样任性。

总之，妈妈要意识到孩子的任性只是因为缺乏正确的认知和判断而已，只要妈妈加以耐心引导，陪伴孩子度过这段特殊的叛逆期，他的任性行为就会越来越收敛。

孩子哭闹，可能是他的需求没有得到满足

"哭"是人类的一种本能，通常用来表达悲伤、难过和委屈。婴儿学会说话之前，与外界沟通的主要方式就是哭——饿了大声哭，尿湿了裤子大声哭，想要大人拥抱时也大声哭。这种哭泣，是他与妈妈以及外界沟通的重要讯息，是他吸引大家关注，从而得到帮助的主要途径。

然而，很多妈妈却不能很好地理解孩子哭闹背后所要传递的信息，所以在面对孩子哭闹时，要么满足孩子所有不合理的要求，要么通过严厉的责骂来制止孩子的情绪宣泄。其实，这两种方式都不是解决孩子哭闹的有效办法，妈妈只有读懂孩子眼泪背后的真正需求，才能有的放矢地解决孩子的问题。

下面我们来看看孩子同样的哭泣背后，有着怎样不同的动机。

周末，妈妈准备带着两岁半的小凯去逛商场，本想让小凯高高兴兴地玩上一天，结果却被小凯的一场哭闹给搅乱了。在逛到儿童玩具区的时候，妈妈给小凯买了一辆遥控小汽车，可是特别喜爱玩具汽车的小凯不满足自己只有一辆，非要妈妈再给他买一辆玩具警车。妈妈告诉小凯，家里的玩具汽车已经够多了，下次逛商场的时候再给他买。可是小凯就是把玩具警车死死地搂在怀里不放手。没有办法，妈妈只好掉头往回走，小凯看见妈妈要离开，立马躺在地上撒泼打滚，不管妈妈怎样生拉硬拽，小凯就是哭闹着不起来。后来，周围的顾客都用异样的目光看着他们，妈妈觉得自己很没面子，只好给小凯又买了一辆小警车，然后拽着小凯的手走开了。拿到了"战利品"的小凯马上破涕为笑，乖乖地跟着妈妈离开了玩具区。

其实，这种行为是在告诉孩子：好吧，我妥协了。孩子读懂了你的妥协之后，下次他会把这种威胁发挥得淋漓尽致，让你变得更加无所适从。显然，这位妈妈的做法非常不可取。

妈妈应该明白，当孩子为了一个玩具撒泼打滚的时候，他的内心或许也很郁闷：我就是很喜欢那个玩具，为什么妈妈不给我买呢？再或者是：明明带我来逛街，为什么不满足我呢？……当孩子哭闹时，妈妈应该让自己冷静下来，千万不要被孩子的大声哭闹搅乱了分寸。孩子越哭闹，妈妈越要冷静，比如，可以蹲下来紧紧地抱住孩子，安慰一下孩子受伤的心灵，然后鼓励孩子说出自己心里的真实想法。等了解了孩子的真实想法之后，妈妈可以尝试跟孩子沟通："这个月已经买过新玩具了啊，你忘了才买过小猪佩奇了吗？下个月妈妈再给你买这个玩具好吗？"时间久了，孩子就会慢慢地适应，从而懂得控制自己的欲望。

如果孩子能够答应你提出的建议，那么妈妈一定要遵守约定，等过一段时间，可以主动跟孩子提出来："宝贝，要不要下午跟妈妈去买之前想买的那个玩具？妈妈答应过你的，没有忘记哟。"

我们再看下面这个案例。

晚上睡觉前，3岁的轩轩突然发现自己心爱的加菲猫不见了。"猫咪不见了，呜呜呜呜，妈妈去帮我拿回来，呜呜呜呜……"轩轩一边号啕大哭，一边冲妈妈大声叫喊。妈妈在工作中受了一点儿委屈，本来心情就不好，听着轩轩越来越大的哭喊声，妈妈再也忍受不了了，她站起来大声训斥道："一个玩具有这么重要吗？既然这么重要，你为什么还要弄丢它？要找你自己出去找！"

轩轩妈妈的做法同样不可取，2~3岁的孩子，理性思维和认知能力尚未成熟到可以冷静地分析问题的地步。同样一件东西，在大人眼里只不过是一个小小的玩具，但对孩子来说，却是她日常生活中非常重要的玩伴与知音。妈妈充满怨气的一句"一个玩具有这么重要吗？"瞬间就拉开了母女之间的心灵距离。因此，妈妈要学会站在孩子的角度去看待问题，否则你根本无法了解孩子哭泣背后的真实原因。

有一位妈妈，她在一个冬天的下午带着快满 3 岁的女儿去公园玩，出门时女儿抱着自己心爱的玩具熊猫，可是等傍晚回到家之后，她们却发现玩具熊猫不见了。女儿哭得特别伤心，问妈妈："妈妈，你可以帮我去公园找一下吗？"累了一下午的妈妈原本想先安慰一下女儿，明天再给她买一只新的。但看到女儿哭得那么伤心，她坚定地点了点头，毫不犹豫地冒着严寒出门了。

那天晚上，这位妈妈找了好几个地方，足足找了两个多小时，也未能找到女儿丢失的那只玩具熊猫。但回家之后，女儿竟然没有再哇哇大哭，而是说："明天我们再重新买一只好了。"

这个故事的确让人很感动。这位妈妈理解女儿哭泣背后的心痛，也能够身体力行地帮助女儿解决困难，尽管最后她没能找到女儿心爱的熊猫，但却赢得了女儿的理解和尊重。对于妈妈而言，这就是最大的收获。

相信一句话，孩子绝不会无缘无故地哭闹，他的哭闹其实是一种倾诉，一种发泄，妈妈一定要学会读懂孩子眼泪背后的语言，做一位高情商的妈妈。

孩子哭闹、耍赖，是一种情感表达方式

美国街头，一位妈妈领着 3 岁的女儿沿着人行道走路。妈妈和女儿一边走一边聊着天，可是一言不合，女儿被惹怒了。瞬间，原本乖巧可爱的女儿变得满脸通红，又是跺脚又是摇头，攥得紧紧的小拳头在空中愤怒地挥舞着，并且大声哭闹着赖在原地不往前走。

这样的事如果发生在国内，家长可能会有两种极端的处理方式：一种是赶紧顺从孩子的意愿，道歉、服软了事；另一种是恼羞成怒，粗暴地制止孩子的行为，比如下面这个案例。

> 依依是个 3 岁的小女孩，活泼可爱。不过依依有一点非常令妈妈头疼，那就是每当她不顺心撒起泼来时，就大哭大闹，无论妈妈怎么哄劝都不罢休。有一次，全家出行要赶火车，依依正在看动画片，妈妈提醒她赶紧关掉 iPad，不然就会赶不上火车。这时的依依哪管什么赶不赶火车，她完全沉浸在动画片里，对妈妈的提醒不为所动，妈妈见状强行关掉了 iPad。依依瞬间委屈得开始山崩地裂式的哭吼，躺在地上滚来滚去，无论妈妈说什么她都不听，反而越哄哭得声音越大，妈妈只好强行将她抱走了事。

这个案例中的依依妈妈，就是采取粗暴制止的方式来应对孩子的哭闹、耍赖。然而，无论是一味妥协还是一味压制，这两种教育方式都不能从根本上解决孩子哭闹、耍赖的问题。我们再来看看前面例子中那位美国妈妈最后是怎么做的吧。

> 那位美国妈妈从容地离开怒火中烧的女儿，与其保持一定距离，并很随意地倚靠在街边的一面墙上，明显甚至夸张地摆出一副轻松、富有耐心、不带威胁的架势。接下来，这位妈妈开始语气平和地与女儿谈话，在谈话中，她解释说，无论是什么事让女儿生气都是可以商量的。经过耐心的沟通，她的女儿渐渐平静了下来。一场街头危机就此化解。

其实，如果妈妈能够意识到孩子哭闹、耍赖的行为，只是他们表达自己情感的一种方式，那么你也就能够像那位美国妈妈一样淡定地处理孩子的问题了。具体而言，遇到类似的事情，妈妈应当怎么做呢？

1. 了解孩子耍赖背后的情感需求

孩子在婴儿时期，表达自己各种需求的主要方式就是哭泣，饿了哭，冷了也会哭。等孩子长到 2~3 岁时，他又掌握了一种新的表达需求的方式，那就是耍赖，你不给我买某件东西，我就缠着你，或者干脆躺在地上不起来。大人遇到某件非常想要的东西，常常会理性地思考自己的需求，然后再决定是否购买。但孩子因为弱小和不成熟，他没办法靠自己的能力去得到心爱的玩具，满足这种需求的唯一方式就是恳求自己的父母去购买。当妈妈拒绝了他的需求之后，他会觉得自己的世界坍塌了，难过的情绪没有办法得到释放。如果妈妈这个时候能够蹲下来，抱抱孩子，安慰他一下，说："宝贝，妈妈知道你现在很难过，但是，不是所有心爱的东西都得买回家啊。"那么，他那受伤的心灵起码能够得到一些安慰和释怀，自然也就不会那么痛苦了。

2. 温柔而坚定地告诉孩子事情的底线

如果孩子还是特别想要那个玩具，你怎么解释都不行。那么偶尔，你可以满足一下孩子的需求，但同时，你应该让孩子学会耐心地等待。比如，你可以这样告诉孩子："看来你确实非常喜欢它，咱们来个约定好不好？如果你能保证每晚睡觉前都能乖乖地把你的玩具收拾好，那么妈妈可以考虑在你生日的时候送你一个这样的玩具。"或者说："不是所有喜欢的东西都要得到，下次遇到喜欢的东西，一定要和妈妈好好商量，如果你再那样大哭大闹的话，妈妈也许半年内都不会考虑送你任何玩具了。"

孩子的愿望可以适当被满足，但前提是，你应该让他知道，不是所有喜欢的东西都必须得买回家。让孩子知道你的底线在哪儿，下次，他就会好好地跟你商量，征求你的同意，而非通过哭闹、耍赖的方式。

3. 经常告诉孩子"说话要算话"

有些时候，孩子哭闹、耍赖是因为他不想遵守之前的约定。比如，他和妈妈约定每天晚上只能看一集动画片，但是时间到了，他还想再看一集，妈妈不允许的话，他就会采取耍赖的方式跟妈妈周旋。这时候，妈妈一定要坚持好当初的约定，不能因为孩子一时的哭闹、耍赖就放弃当初的约定，否则你就是在用自己的心软告诉孩子"说话可以不算话，只要哭一哭，耍耍赖就行了"。

妈妈这时候不妨借机问一下孩子："妈妈可以考虑让你多看一集动画片，但是你明天看动画片的时间就会被取消，可以吗？"妈妈要让孩子知道，说出的话一定要尽力做到，否则自己就有可能吃大亏。孩子如果能做到"说话算话"，那么以后他耍赖反悔的行为就会大大减少。

总之，妈妈一定要学会分析孩子耍赖行为背后的原因，理性对待孩子成长过程中面临的各种困难，用足够的耐心与孩子"斗智斗勇"，这样才能更好地协助孩子度过这个成长阶段。

孩子脾气大，可能是他不知道如何正确表达情绪

孩子的脸就像六月的天，说变就变，前一分钟还笑得前仰后合，后一分钟没准就开始大哭大闹。

众所周知，哭也是人类发泄情绪的方式之一，比如生气、痛苦、难过、

伤心等情绪都可以通过哭的方式来表达，大人如此，孩子自然也不例外。当孩子的需求得不到满足时，他也会产生生气、愤怒、难过等负面情绪，但是由于孩子的心智发育尚不成熟，不能理性地控制自己的情绪，因此哭闹也就成为必然。

如果孩子偶尔地哭一哭，对身心发展未必是坏事。但凡事都有一个度，如果任由孩子的负面情绪操纵他自己，时间久了，就会对他的身心发展造成非常严重的负面影响。

　　两岁半的凌凌非常喜欢看动画片，每次看起动画片来就不愿意关电视。每次妈妈想要关电视时，都会跟凌凌说："电视看久了，眼睛就坏了，明天再看吧。"可是凌凌每次都会拉着妈妈的衣服，向妈妈撒娇说："再看一会儿。"结果看着看着就忘记了时间。

　　一天晚饭后，妈妈见凌凌已经看了40分钟的动画片，觉得时间太久了，于是坚决要关掉电视。但凌凌急得跳了起来，而且一屁股坐在地上，大声哭闹着："不行，我就要看，就要看。"妈妈不由分说，拿起遥控，"啪"地一声关掉了电视，并且对凌凌说："说不能看就不能看。"结果妈妈转身刚走两步，就听到凌凌拿起桌子上的一本书，狠狠地砸向了电视机。妈妈生气地走到凌凌面前，指着他说："下次再这样，妈妈就要动手打你了！"

　　但是说归说，妈妈怎么忍心打孩子。

　　这个案例中的妈妈能忍住自己的脾气，不对孩子动手，自控力算是不错的了。相信在日常生活中，多数妈妈面对孩子如此坏的脾气，早就"气不打一处来"了。但是，一味忍让并不是一个高情商妈妈应该做的事情，如果不能很好地帮助孩子摆脱"坏脾气"的困扰，那么孩子将会深受其害。

　　作为妈妈，我们应该怎样做呢？看看下面几个方法：

1. 孩子越生气，妈妈越要冷静

"孩子生气我不气"是一个高情商妈妈面对发脾气孩子的最高境界。面对发脾气的孩子，最忌讳的就是：孩子愤怒，你比孩子更加愤怒。孩子因为某件事情发脾气时，妈妈首先要做的就是引导孩子先把这种负面情绪发泄出来，切不可喋喋不休地跟孩子讲对错，讲原则。这个时候，千言万语的唠叨都不如你走过去抱抱他，亲亲他，让他从愤怒的坏情绪中慢慢地走出来对孩子的帮助大。

相反，在孩子生气的时候，低情商妈妈常常会用暴力呵斥孩子，让孩子硬生生地把情绪压回去，这其实对孩子的身心伤害是非常大的。

2. 鼓励孩子把自己的坏情绪表达出来

孩子生气时，喜欢选择用发脾气的方式表达自己的情绪，那是因为，除此之外，他没有更好的方式来发泄自己的情绪。作为妈妈，我们要等孩子冷静下来后，慢慢地告诉他："孩子，你觉得自己非常气愤时，可以跟妈妈说：'妈妈，我很生气，因为……'"鼓励孩子把自己的负面情绪用语言表达出来，而不是用哭闹和砸东西的方式来发泄。

当你引导的次数多了，孩子就能学会用语言而非拳头来表达自己的坏情绪。

3. 给孩子准备一些发泄情绪的玩具

除了用语言表达情绪之外，妈妈还可以给孩子准备一些能够发泄情绪的玩具，比如发泄球、挤压猪、变形毛豆等。妈妈可以买一些这样的玩具放在家里，告诉孩子，下次如果有忍不住发脾气的时候，可以捏一捏这些玩具，等冷静下来之后再来跟妈妈沟通。

孩子的情绪只能引导，不能压制，尤其是对2~3岁叛逆期的孩子来讲更是如此。你越压制他，他在内心爆发得就越强烈，你越耐心引导他，他反而会变得越来越缓和。一个高情商妈妈，不会对一个陷入坏情绪旋涡的孩子大吼大叫，相反，她会充分地理解孩子，并且能够耐心地等到孩子冷静之后再跟孩子沟通，教会他一些应对自己坏脾气的好办法。

孩子撒谎，可能他自己都不能分辨真实和谎言

有时候，2~3岁的孩子撒谎，并不是故意的，而是因为他自己分辨不出来哪个是真实，哪个是谎言。如果妈妈过于严厉，孩子可能会因为害怕你的责打而下意识地选择以撒谎这种方式来保护自己；如果孩子内心抗拒某件事情，觉得正面跟妈妈沟通会被拒绝，也会下意识地选择以撒谎来达到自己的目的。下面这个案例中的小男孩就是这样的表现，我们一起来看看吧。

　　3岁的鹏鹏一到幼儿园就说自己头疼。老师对他说："你头疼，那我们上医院吧。"鹏鹏说："你让我妈妈来接我就行了。"老师继续试探说："看到妈妈头就不疼了？"孩子不知道老师是在试探他，就说："嗯，是的。"通过这样一番询问，老师初步可以判断出来孩子是在假装头疼。

　　于是，老师给鹏鹏的妈妈打电话，说："鹏鹏今天在幼儿园又说头疼，让你来接他回家，他说只要看到您头就不疼了。"鹏鹏的妈妈一听就明白了，在电话里跟孩子说："我现在很忙，只能下午去接你。"

　　然后，老师跟鹏鹏商量："你要不要躺在沙发上一会儿？看能不能好，这样你就不用回去了。如果你一定要回家，我可以去送你，但是你妈妈不在家，你只能一个人待在家里。"孩子听了，想了想，说："那算了，我在沙发上躺一躺，头也能好。"

　　案例中的鹏鹏因为不想在幼儿园里待着，所以编了个理由说"自己头疼，只有见到妈妈，头才不会疼"。面对这种情况，老师和妈妈不能随意给孩子戴上一个"爱撒谎"的帽子。孩子只是想用一个合理的解释让妈妈接自己回家而已，也许，他真的觉得在幼儿园里是一种仿佛头都会跟着疼的煎熬。

　　所以，遇到孩子一本正经地跟我们"撒谎"这种情况，妈妈不妨这样做：

1. 妈妈应该了解孩子"撒谎"背后的动机

　　孩子跑来告诉你："妈妈，我觉得额头有点烫，是不是发烧了？"你着急地找来体温计给他测体温，却发现他的体温很正常。那么妈妈应该意识到，孩子可能是在寻求关注，渴望得到你的陪伴。孩子出现这种"撒谎"的行为，一方面跟他们自己不想去幼儿园有关，另一方面也跟父母无意的冷落有关。也许孩子曾经向你表达过想跟你一起玩儿的心愿，但却被你以各种理由拒绝了。

　　这种"忽视"是非常可怕的，因为如果孩子得不到妈妈的正面关注，比如拥抱、亲吻、关爱、陪伴、游戏等，他们就可能会想办法引起妈妈的消极关注，如生气、批评、斥责，等等。哪种行为能引起妈妈的关注，哪种行为就会在无形中被加强，甚至可能会形成不良习惯。所以妈妈就算再忙，也要停下手头的事情，花点儿时间爱孩子、拥抱孩子、多陪伴孩子！如果确实分身乏术，也一定要承诺孩子："等我把这件事情做完，一定会陪着你。"而且要说到做到！

2. 妈妈不应该用暴力来纠正孩子"撒谎"的习惯

有个孩子没有去幼儿园上学，而是偷偷地和姑姑去游乐场玩了一个上午。回家后，妈妈问她去了哪里，孩子说去幼儿园了。但幼儿园老师其实已经提前打电话告知孩子的妈妈说她上午缺课了。妈妈听到女儿撒谎，非常生气，就动手打了孩子。

试想一下，如果你是这个孩子，面对妈妈一副气势汹汹的面孔，你会选择怎么应对呢？如果你选择说真话："我没有去幼儿园，而是和姑姑去游乐场玩了"，那么很可能会被妈妈打一顿。如果你撒谎说去幼儿园了，并且侥幸没有被妈妈发现的话，那么你就免除了一通责骂。孩子小，考虑问题不会那么长远，更看重眼前利益，两相比较，只能选择撒谎。

所以，面对撒谎的孩子，打骂是最笨拙的教养方式，它不仅没有效果，还有可能导致孩子"铤而走险"，选择以撒谎的方式来逃避妈妈的责罚。

3. 妈妈要以身作则，为孩子做好榜样

苏联有位教育家说过这么一句话："孩子的目光就像永不休息的雷达一样，一直在注视您。"这句话的意思是，父母要时刻为孩子做好榜样。许多时候，妈妈会把随口答应孩子的事忘了，觉得不过是一件很小的事情，忘了就忘了，改天再用其他的事情来弥补吧。殊不知，孩子正关注着你的一言一行，家长的每一次失信，都会让孩子深深地记在心里，次数多了，孩子就会认为自己也可以说话不算数。结果，孩子慢慢也就失掉了诚信。

古人曾子为了不失信于自己的孩子，不惜杀猪给孩子吃，他用自己的行动教育孩子要言而有信。在现代，这种"言必信，行必果"的诚信行为也应该大力提倡。

总之，撒谎并不意味着孩子未来会成为一个骗子，它不过是孩子成长过程中的阶段性行为，只要妈妈加以正确的教育和引导，孩子一定会意识到"撒谎"的危害，努力成为一个讲诚信的好孩子。

孩子说脏话，可能是为了引起你的注意

2~3岁的孩子正处于语言发展的敏感期，对说什么都感到好奇。他可能从别的地方学到了某句脏话，就反复地学别人说，但其实他并不明白这句话的意思和用法，纯属好奇或感觉好玩。妈妈听到后漠然视之就可以了，不指责、不纠正，甚至连个眼神、表情都不要给。这样过几天，他没有得到妈妈的回应和注意，就会觉得这句话没意思，也许很快就会忘掉了。相反，如果妈妈听到这句话，立即加以质问，"从哪里听到的""为什么要说脏话""说脏话很没有礼貌"，反而会激发孩子的好奇心理，有事没事就说几次给你听。

如果经过几天的"冷处理"之后，孩子依然把这句脏话挂在嘴边，那么妈妈一定要加以注意了。我们一起来看看下面这个案例。

南南是个3岁的小男孩，最近，妈妈突然发现，原本乖巧的南南突然变得爱说脏话了。

有一次，有一个小朋友不小心碰到了他，他就生气地把小朋友一把推开，嘴里还大喊着："滚！"

还有一次，妈妈只是轻声责怪他不应该把牛奶倒在桌子上玩，南南竟然气得把整瓶牛奶都倒在了桌子上，而且还凶巴巴地看着妈妈说："臭妈妈！"

对于南南的这种行为，妈妈非常着急，心想难道他是跟家人学的说脏话吗？可是，她回忆了家里所有人的言行，发现没有人在南南面前说过脏话。

就在这时，南南妈妈突然想起来，自从她生了二胎之后，原本乖巧懂事的南南突然就像换了一个人那样，动不动就扔东西，发脾气，甚至对着大人说"滚开"之类的脏话。想到这里，她恍然大悟：

原来南南是想用这种说脏话的方式来吸引大人对他的关注，因为有了小弟弟之后，他感觉自己受到了家人的冷落。

如果孩子总是说脏话，妈妈就要从深层次寻找原因。一方面，孩子可能是想以此来吸引大人的注意；另一方面，孩子可能是想通过说脏话这种行为对别人产生影响，体验这种话语的力量，也可以表达和宣泄他们的一些负面情绪。为此，妈妈要了解孩子行为背后的心理动机，及时满足孩子寻求关注的需求，从而减少孩子说脏话的现象。

面对孩子说脏话，妈妈具体应当怎么做呢？

1. 不要对孩子说脏话的行为大惊小怪

从另一个角度来讲，2~3 岁的孩子说脏话是他语言能力提升的一种表现。美国耶鲁大学的保罗博士说过："孩子满嘴脏话表明他的语言能力已经发展到一个里程碑，他开始懂得咬文嚼字了。"两三岁的孩子，频繁地说脏话，甚至在说脏话时配合一定的表情和动作，让大人感觉这是故意为之，实际上，他们并不知道这些脏话的含义，只知道说出来后能够得到别人的关注。

妈妈了解了孩子的小心思之后，千万别中了孩子的"圈套"，对他说脏话的行为表现得大惊小怪，甚至打骂孩子。

2. 冷静时，告诉孩子说脏话有哪些坏处

等孩子冷静下来的时候，妈妈可以抓住每一个能增强孩子判断是非能力的机会，坐下来与孩子好好聊一聊，进而给孩子深刻的教育，向他解释说脏话的坏处在哪里。比如告诉孩子，"放屁"是一个不雅的词语，总说"放屁"这样的话会让人不高兴，我们以后尽量不要用这个词骂人。明确告诉孩子，如果你以后再说脏话的话，小朋友就会不喜欢你，不愿意再跟你玩了。

把选择权交给孩子，让他自己想明白：说脏话是让爸爸妈妈不喜欢的事情，也是一件会让自己失去好朋友的事情，下次自己再想说脏话的时候，一定要慎重考虑一下了。

总之，高情商的妈妈会耐心地引导孩子，让孩子自己意识到，说脏话是一件并不好玩的事情。反之，低情商的妈妈则会选择用最直接的责骂方式来压制孩子，强令孩子停止说脏话。妈妈们别忘了，你压制得了一时，压制不了一世。只有走进孩子的内心，循循善诱，问题才能真正得到解决。

不掌握孩子叛逆的心理，你就无法打破他叛逆的恶性循环

孩子在2~3岁时会进入人生的第一个叛逆期，一个喜欢说"我不""我就不"的阶段。比如：妈妈给宝宝喂饭，笑着哄宝宝说："等我们吃完了再去玩，好吗？"可宝宝却生气地把椅子往后一推，顶嘴道："我不！我就要现在去玩！"

妈妈看见屋子里很乱，让宝宝把地上的玩具捡起来，宝宝却说："我不！我偏不！"

你知道孩子叛逆背后的真实心理吗？如果妈妈不能走进孩子的内心，不了解孩子叛逆的真实原因，那么你就无法打破孩子叛逆的恶性循环。

1. 叛逆是孩子心智正常发育的一种表现

当孩子出现叛逆的行为时，妈妈千万不要着急，你要知道，叛逆行为的出现，标志着他们的自我意识开始发展。随着身心的不断发育，2~3岁的孩子

有了更多的自我意识，他们希望自己能够做更多的事情。比如，他们渴望能自己洗衣服，自己拿拖把帮妈妈拖地，但是由于受能力的制约，他们在做这些事情时往往会弄巧成拙，比如洗衣服时经常弄得满地都是水，拿拖把拖地却越拖越脏，等等。这时候妈妈如果站出来制止孩子，认为孩子是在故意淘气、捣乱，总是处处与自己作对，那就错怪孩子了。其实这只是孩子自我意识发展的一种表现而已，妈妈们不必焦虑和担忧，更不必动怒。

2. 孩子的叛逆或许只是因为他们不会正确表达

2~3 岁的孩子还不会正确表达自己的情绪，他们遇到伤心、难过、生气的事情时，主要的表达方式就是哭闹。这个时候，妈妈一定要读懂孩子叛逆行为背后的原因，然后再用孩子能够听得懂的语言跟孩子好好沟通。如果妈妈一味对孩子吼叫或打骂，那么孩子就会产生害怕和逆反心理！

比如孩子挑食，不想吃肉，只喜欢吃菜，你可以问问他为什么不想吃肉。孩子可能会这样说："我是小白兔，小白兔喜欢吃青菜。"弄清了孩子的内心想法之后，你可以告诉他："小兔子只吃菜，所以长得很矮，跑得没有老虎快，你好好吃肉，下次妈妈带你去动物园，跟小兔子比比谁更高。"总之，妈妈要弄明白孩子拒绝某件事情的原因，然后用孩子能够听得懂的语言跟他好好交流，慢慢地孩子就会接受你的建议，并且还会心甘情愿地去尝试你的建议。

3. 孩子叛逆有可能是因为父母不懂得尊重他

面对孩子的叛逆行为，妈妈们有没有扪心自问一下，我们平时给予孩子足够的尊重了吗？孩子不好好吃饭，你有没有对孩子说："不吃就饿着，饿死算了！"又或者你直接拿他跟别的孩子做比较："你看人家囡囡，每次能吃一大碗米饭呢，怪不得你长得不如囡囡高，你吃这么点儿饭能长高吗？"妈妈这样的言语会让孩子觉得妈妈不够尊重自己，时间久了，孩子会越来越叛逆，觉得大不了"破罐子破摔"好了。

　　如果妈妈在孩子出现抗拒行为的时候，能够耐心地引导孩子，那么孩子就会乐于改正自己的对抗行为。比如，孩子不好好吃饭，高情商的妈妈会这样说："开饭了，现在我们来比赛，看谁先把饭吃完，得到第一名。"然后妈妈开始吃菜、喝汤，孩子一听说和妈妈比赛吃饭，便会立即跑过来，坐在小凳子上，大口吃菜、喝汤，还用眼睛偷偷地看妈妈。妈妈看到孩子很认真地吃饭，便用羡慕的眼光看着他，并竖着大拇指夸赞孩子吃得好。听到妈妈的夸奖，孩子一边吃饭，一边开心地笑了。

　　在 2~3 岁孩子的第一叛逆期，妈妈越是打骂或阻止孩子，孩子越会和妈妈顶嘴，和妈妈对着干。其实，孩子叛逆并非坏事，恰恰说明他的"自我意识"在觉醒。妈妈要了解孩子叛逆行为背后的心理原因，做到见招拆招，才能避免让孩子陷入叛逆的恶性循环。

第六章

不打不骂，
让孩子学会承担

"打是亲，骂是爱"这个最大的教育谎言，究竟骗了多少中国父母？2~3岁的孩子，已经有了面子和自尊，一旦被当众责骂，孩子很有可能会变得更加逆反。不仅如此，惩罚还会剥夺孩子本该承担错误的勇气，导致孩子学着去逃避问题，而非承担责任，而且他还有可能因为害怕大人的严厉惩罚，试图用"撒谎"来掩盖自己的错误。那么，除了惩罚之外还有其他有效的教育措施吗？

"打是亲，骂是爱"，是最大的教育谎言

中国人自古以来信奉"棍棒底下出孝子"，因此很多父母都爱打着"打是亲，骂是爱"的旗号来惩罚孩子，孩子犯错了，动辄打骂——因为这是我表达爱你的方式，所以没问题。其实，这是一个最大的教育谎言。我们可以换位思考一下，当你在孩提时代，父母动辄向你挥起大棒的时候，你感受到的是浓浓的爱意吗？

在国外一些法律严苛的国家，打骂孩子甚至可能会涉嫌犯罪。比如在美国，严重的打骂孩子属于违法行为，如果你一怒之下扇了孩子一巴掌或者狠狠打了孩子一拳，而且被别人报了警，那么在第二天，你就很可能会失去对孩子的监护权，而孩子也会被送到监护机构或儿童收养机构。抛开法律层面的处罚不说，打骂孩子很可能会给孩子带来一系列的负面影响。我们一起来看看下面这个案例。

上天给了张丽一个活泼可爱的孩子，现在小宝宝3岁了，上幼儿园小班。但张丽性格暴躁，会经常性地对着孩子吼叫，甚至一言不合就会打孩子。一天晚上，孩子看动画片看到9点多了还想看，张丽着急给他洗漱，让他上床睡觉，所以不顾孩子的反对强行关掉了电视，孩子立马就生气了。但张丽不管不顾，继续要求孩子洗脸刷牙。孩子就是不配合，张丽帮他刷牙的时候他故意咬着牙刷一动不动，帮他洗脸的时候故意把头转向一边，张丽很生气，给孩子洗脸的时候故意洗得重了点，还拿毛巾用力搓他的脸。孩子显然很抗

拒，故意把刚放在桌上的牙刷又拿起来咬给张丽看，张丽立马就火了，用手掐了一下儿子的脸骂道："你怎么回事，说了不要咬牙刷还偏咬，故意的是吧？"孩子脸憋得通红忍着不哭，但是眼睛里却有泪珠在打转。过了一会儿，张丽又发现孩子将双手连同半截衣袖浸泡在洗脸盆里，她立马火冒三丈，新账旧账一起算——掐完孩子左边脸，又掐右边脸，一边掐还一边骂骂咧咧，结果孩子哭得一把鼻涕一把泪。

　　案例中孩子的行为表现并没有夸张到需要妈妈用动手来教训的地步。我们从案例中可以看到，妈妈越生气、越暴躁，孩子反而越抗争，偏偏要跟妈妈对着干，结果两个人的火气都被激发出来，事情变得一发不可收拾。要知道，长期打骂孩子，会给孩子带来很多负面影响，甚至会影响孩子的一生。

1. 打骂可能会降低孩子的智商

　　妈妈要知道，长期打骂孩子可能会让孩子变得越来越"笨"。

　　英国科学家研究发现，长期遭受体罚、语言暴力的孩子，大脑结构会发生改变，从而引起智商下降，并增加孩子的攻击倾向、反社会人格，以及抑郁症、焦虑症等精神疾病的发生概率。

　　美国的惩戒与家庭暴力专家默里·施特劳斯曾做过一项跟踪调查，他对美国 800 多名 3 岁左右的儿童进行了首次智力测试，时隔 4 年后又进行了第二次测试，这次测试发现未遭受过体罚的儿童平均智商要比经常遭受体罚的儿童高 5 分。

　　施特劳斯说："打得越多，孩子心智发展越慢，哪怕是打得很少也有负面影响。"所以，建议妈妈在教育孩子方面，采用寓教于乐的方式，对孩子循循善诱，不要打骂，不然可能会对孩子的智商产生不可弥补的影响。

2. 打骂可能会伤害孩子的自尊

再小的孩子都有面子和自尊心，都需要大人小心翼翼地呵护。妈妈生气了，一巴掌下去，自己解气了，但是孩子的自尊心却永远找不回来了。自尊心受到严重伤害的孩子，很可能会在长大后出现自虐的倾向。

自虐常见于儿童因为焦虑、紧张、不安、痛苦等情绪得不到化解而出现的极端行为，是一种压力转移的方式。自虐或自残是一种不良的发泄方式，某些心灵受到创伤的儿童会习惯于用增加自身肉体的痛苦来减轻精神的痛苦。所以，妈妈一定要避免使用打骂这一简单粗暴的方式去教育孩子，你拍下去的一巴掌，很可能就毁了孩子的一生。

3. 打骂可能会让孩子变得更叛逆

妈妈打骂孩子，无非是希望孩子能够更好地成长，但是你却忽视了一点，打骂的教育方式，很可能会让孩子变得更加叛逆。

妈妈对孩子的打骂行为，实际上是在向孩子传递一种负面情绪，孩子在接收到这种负面情绪后，会本能地产生抵触心理和反抗意识，所以打骂行为非常容易导致孩子变得更加叛逆。

正确的方式是用恰当的言行为孩子树立良好的榜样，用美好的人生信条引导孩子向着更灿烂的未来迈进。如果你依然执拗于"打是亲，骂是爱"的信条，那么十几年后，你将会获得一个像你一样满身戾气的孩子。

当孩子犯错时，打骂并不能解决问题

"人非圣贤，孰能无过。"大人都免不了犯错，何况身心尚未发育成熟的两三岁孩子呢！

身为父母，不能奢望自己的孩子一辈子都不犯一点儿错误，因为那是不可能的事情。但我们可以教育孩子，做错事情一定要勇于承认自己的错误，承担相应的责任，而不要做一个只会逃避责任的懦夫。

"知错能改，善莫大焉。"希望孩子们在犯错之后，能够及时承担错误带来的后果，将损失降低到最小。如果孩子能做到这点的话，在妈妈心里，他就应该是一个很棒的孩子。

对待孩子犯错，妈妈们应该明白以下几点：

1. 孩子犯错，是成长的需要

作为妈妈，首先要正确看待孩子犯的错误。孩子犯了错误，不要一概而论，就此认定他是一个淘气或者调皮的孩子。

其实对于孩子而言，犯错是成长的需要。孩子小时候犯一些错误，通过错误来认知自己与外界或他人的关系，可以从中获得对错误的"免疫"。人类的孩子与哺乳动物小时候一样，要在游戏中预演攻击与防御、捕获与逃避，才能获得生存的能力。而在这个过程中，犯错几乎是必然的。

佳佳妈妈有一次陪3岁的女儿在迪卡侬里试骑自行车，当时里面有一块场地是专门为儿童试骑提供的，而且场地上还专门画了详细的轨道图，引导孩子们按照轨道去骑行。妈妈看到一个4岁的小女孩骑着一辆儿童自行车在轨道里横冲直撞，不到10分钟的时间里，撞了好几个小孩。她的妈妈当时正在旁边低头玩手机，对于自己孩子的错误行为没有及时制止。

过了一会儿，佳佳妈妈看到一个6岁的小男孩，直接从对面轨道上冲过来，撞在了这个女孩的自行车轮子上，挡住了她前行的方向。小女孩气冲冲地问小男孩："你干吗挡住我！"小男孩说："你刚才为什么一直撞别人啊！"小女孩无言以对，只好把自己的自行车调整好，重新换个轨道出发了。后来佳佳妈妈发现，那个小女孩真的守规矩了很多。

这也许就是孩子成长的必经阶段吧。他在错误中得到经验，然后学会调整自己的行为模式，确保下次不再犯同样的错误。

比如孩子两三岁时出现打人的行为，可能受到了外界的指责，他才意识到自己打人的行为是错误的，那么他下次伸手打人时便会有所顾虑。如果孩子在小时候没有犯错的经历，不知道犯错可能带来的严重后果，那么他长大了以后再犯同类的错误，就需要为自己的幼稚行为"买单"，那真是有点得不偿失了。

所以，在孩子小的时候，妈妈应当允许孩子不断地试错，然后让他去感知错误行为可能带来的后果，这样总比他长大后遭受到更为严重的惩罚要好得多。

2. 面对孩子的错误，不要一味地惩罚他

对于孩子犯下的一些小错误，妈妈别着急上火，急于责怪孩子，而是要放松心情，耐心地和孩子交流，然后帮他想办法处理问题。有了妈妈的帮助，孩子就更容易了解做错事的后果，从而逐渐学会承担责任。

一天，天天在客厅玩玩具的时候，无意间发现了一个好玩的"新大陆"——她发现沙发旁边的小茶几上面有一个白色的按钮，只要按下去，茶几上的台灯就会瞬间点亮；再一按，台灯很快又会熄灭。

天天很快就从这个游戏里发现了无限的乐趣。于是，接下来的

时间里，她反反复复地把台灯打开又关闭，关闭又打开，一边玩，还一边哈哈地笑个不停。

妈妈发现这件事情后，很快就来到了天天的身边。她温柔地跟天天说："宝贝儿，台灯这样反复开关，很快会坏掉的。"然而，天天似乎并不能理解"坏掉"的意思，依然笑着继续开关台灯。

妈妈想了一下，就跑到卧室拉上了所有的窗帘，房间瞬间变得黑漆漆的，然后她回来抱着天天，一起来到了黑漆漆的卧室里，温柔地对天天说："宝贝，台灯坏了之后，晚上房间就彻底变黑了。你和妈妈试着在这个黑房间里待10分钟，看看没有灯之后，会不会觉得舒服。"

3分钟之后，天天就受不了这种痛苦，拉着妈妈的手说："妈妈，这里太黑了，我们出去吧。"

妈妈抱着天天说："那你还会继续玩台灯，让它坏掉吗？"天天扭头看了看台灯，对妈妈说："妈妈，我不玩了。"

很多时候，2~3岁的孩子都是在无意识的状态下犯了错误，他并不懂得自己的行为造成了什么样恶劣的后果。这个时候，需要妈妈耐心地引导和解释，告诉他"你这样做会导致……的后果。"孩子只有明白了这个道理，才会愿意主动去约束自己的行为。冷冰冰的训斥，只会让他害怕惩罚，而不会让他明白道理。

3. 孩子犯错后，要鼓励他勇于承担责任

我们常说，要允许孩子在不触犯一定原则和底线的前提下，犯一些小错误。但妈妈在孩子犯错之后，一定要记得告诉孩子："犯错并不可怕，可怕的是犯错后逃避自己的责任。"

孩子是我们的小天使，但又像小恶魔一样，经常给我们制造一些或大或小的麻烦。当妈妈面对他们犯错的时候，依然应该告诉自己：冷静，冷静，再冷静，孩子不是故意的。在我们冷静下来之后，就要以最快的速度想一想

该怎么处理这个错误。

如果孩子拿着给他热好的牛奶，边走边喝，结果牛奶洒了一地，那么妈妈就应该告诉他："下次喝牛奶的时候应该坐在桌子边，等喝完了再走路，明白吗？你现在把牛奶洒在了地上，和妈妈一起用抹布把地板擦干净吧。"

妈妈应该明白的事实是：不要轻易剥夺孩子犯错的权利，不要因为孩子犯了错动辄大呼小叫，而是从一开始就要让孩子明白，你的错误必须得你自己来承担后果。

当孩子犯错时，打骂并不能让孩子自我反省

孩子犯了错，只有让他真正地从内心接受"自己的确做错了"这个事实，才能指望他下次不再犯同样的错误。

如果妈妈通过外部的惩罚措施，迫使孩子承认自己所犯的错误，很可能得到的只是孩子表面上的敷衍，下次遇到同样的事情，他还会去做，因为他并没有从心里反思自己的错误。

美国发展心理学家霍华德·加德纳提出了著名的"多元智能理论"，该理论主要包括八项智能，"内省智能"就是其中一种，通俗的说法就是"认识自我"的智能，它关系到孩子当前的良好发展和日后的成材。

内省智能是分辨自己内心世界的智慧。内省智慧强的人，能够清楚地把握自己的情绪、动机、脾性，能恰当地认识自己的特点、长处和短处，并能据此做出适当的行为。这项智能突出的人，会有比较强的自律、自控能力，这无论对于孩子当前的发展还是日后的发展，都是至关重要的。

内省智能如此重要，如果妈妈面对孩子的错误时，总是试图借助于外界的

惩罚措施来压制他，很可能就抑制了孩子内省智能的发展。长此以往，孩子不仅不能恰当地认识自己的特点、长处和短处，还会影响他据此做出适当的行为。

因此，面对孩子的错误，妈妈务必要慎用惩罚措施。尽量给孩子自我反省的机会，让他意识到自己所犯的错误。那么，如何增强孩子的自我反省能力呢？

1. 多和孩子做一些角色游戏

角色游戏对内省智能的提高非常有帮助。

例如，妈妈可以和孩子一起玩"过家家""小医院""搭房子"等游戏。通过角色游戏，孩子可以感受到不同的心理体验，学会客观地看待外界的人和事。而且，孩子通过与妈妈互换角色，也可以更形象地体会到妈妈养育自己的不易，在平时的言行中也会多从父母的角度出发考虑问题。

比如在"小医院"游戏中，妈妈可以假扮病人，让孩子负责给自己量体温、打针等。妈妈可以趁此机会告诉孩子：量体温的时候，妈妈一定会安静地坐下来配合你，不然容易打碎体温计。在互换角色游戏的过程中，孩子也会变得更加理解父母。

2. 给孩子一定的自我发展空间

平时要给孩子一定的发展空间，让孩子独立去完成一件事情，在此过程中不要随意打扰他。比如，给孩子半个小时的时间，允许孩子在卫生间里自由地给所有的玩具洗一次澡。半小时后，妈妈可以再给孩子提供一个大脸盆，一块小抹布，让孩子把所有的玩具都擦洗干净。如果孩子做得好，妈妈可以给他一些奖励。

妈妈不要因为孩子可能会犯错误，就对孩子束缚太多，这也不让孩子干，那也不让孩子碰，这样反而会让孩子养成谨小慎微的怯懦性格。相反，妈妈应该给予孩子一定的自我发展空间，不要怕孩子出错。

3. 培养孩子的独立反省能力

陶渊明说："悟以往之不谏，知来者之可追。"妈妈在教会孩子各种能力的同时，一定不要忘了教会孩子独立反省。平时遇到孩子问问题的时候，先不要急着回答他，而是先问问孩子自己的想法，让孩子养成独立思考的习惯，这是培养自我反省能力非常重要的一个步骤。你可以经常给孩子提一些简单的问题，比如"天空是什么颜色的""月亮是什么形状的"，等等，引导孩子进行自我思考。

另外，等孩子再长大些，每天可以给孩子留一定的时间，让孩子自我反省一下一天的得失，并帮孩子分析如何避免失误，从而使孩子能够对自己的行为有很好的把握，这对培养孩子的内省智能有着至关重要的作用。

4. 尽量先让孩子反省自己错在哪

孩子犯了错，不要急于站出来指正他所犯的错误，更不要不问青红皂白就随意惩罚他，而是先要让孩子反省一下，自己究竟错在了哪里。

程程3岁的时候，妈妈带她出去跟小朋友一起玩。到了中午，她和另外一个小朋友都饿了，妈妈的包里这时候只剩下一块饼干了。妈妈把这块饼干给了程程，建议她拿去跟小朋友分享一下。但程程由于饿了，拿到饼干迟迟不愿分享。妈妈对她说："如果现在姐姐手里有一块饼干，又不愿意分给你一半，你会不会伤心呢？"

程程纠结了足足有3分钟，最后经过艰难的思想斗争，还是把手里的饼干掰了半块给了小姐姐，两个人很开心地吃了起来。当小朋友的妈妈夸奖她的时候，程程自己也觉得很开心。妈妈很庆幸自己能够把反思的机会留给程程，让程程检讨一下自己的行为是否合适。恰恰因为妈妈的宽容和耐心，给了程程自我检讨的机会，她才说服了自己，最终做出了让大家都称赞的行为。

　　希望天下所有的父母在面对孩子的错误时，都能够给孩子一个自我反省、自我纠正的机会，让他主动尝试，从而发现一个更好的自己。

惩罚要慎用，它容易让孩子缺乏自信

　　惩罚是一种非正面的管教方式，容易对孩子产生负面影响，但它具有立竿见影的效果，所以当孩子犯错后，很多妈妈喜欢采用惩罚的方式来处理问题。中国家长惯用的惩罚方式就是打骂，"棍棒底下出孝子"，这种思想在中国流传了几千年。所以，打骂这种惩罚方式就成为孩子犯错后家长常用的教育手段。打骂或许可以纠正孩子一时的错误行为，但却无法从根源上改变孩子的想法。孩子的行为一定有他自己的理由，如果妈妈不了解孩子行为背后的根源，那么就无法从根本上改变孩子的行为。也许他会因为妈妈的打骂屈服一时，但只要一有机会，他还会背着妈妈去做出同样的事情，因为他从来都没意识到自己之前的行为是错误的。而且，妈妈一些过激的惩罚行为，会让孩子在心里滋生怨恨的种子，甚至留下心理阴影。

　　妈妈带着3岁的小月去超市买东西，小月被柜台上花花绿绿的棒棒糖吸引了，就拽着妈妈的衣袖，哭闹着让妈妈买给她。可是妈妈觉得小孩子吃糖太多会蛀牙，就断然拒绝了小月的要求。

　　在小月的眼里，小小的棒棒糖就是天底下最美味的食物，所以，被妈妈拒绝后，她的哭声更大了。然而，妈妈却恼怒地在她的后背上狠狠拍了一下，小月吓得顿时不敢哭闹，乖乖跟着妈妈走开了。从此以后，妈妈发现只要自己一动手，刚才还在哭闹的小月就会吓得立即停止哭闹，于是她越来越认可这种暴力的解决办法。但此后，她却发现原本开朗爱笑的小月变得特别胆小，有的时候，她只是无意伸了一下胳膊，小月就会吓得站在那里，一动不动。更可怕的是，有一次在外面玩耍，小月被别的小朋友推倒在地，她也只是擦干眼泪，默默地站了起来，既不敢哭闹，也不敢反抗。

许多案例证明，用打骂的方式教育孩子，非但不能把孩子教育好，反而会对孩子的自尊心造成伤害，使孩子形成不健康的性格或人格。因此，妈妈一定要慎用打骂的方式来教育孩子，避免伤害孩子的自尊，让孩子变得不自信。当然，孩子叛逆、不听话时，除了打骂，有些妈妈还会采取其他惩罚方式，但这些惩罚用多了也会伤害孩子的自尊和自信。

如果万不得已，一定要惩罚孩子，那么在惩罚时，妈妈一定要注意以下几个原则：

1. 惩罚的时候绝不能打孩子的脸

俗话说："揭人不揭短，打人不打脸。"无论孩子犯了多大的错误，妈妈都不能在惩罚时打孩子的脸，这是基本的原则。但有些家长却认为：一个小孩子哪来的面子和尊严，打一打就不淘气了。这样的想法非常危险，一旦巴掌落在了孩子的脸上，仇恨和屈辱的种子很可能就会深深地埋进孩子的心里。

有的家长会说："我实在气得受不了了怎么办？"妈妈如果实在要打孩子，记住千万不能打孩子的脸，可以轻轻拍一下屁股，象征性地惩罚一下，打屁股时，尽量让孩子的脸背对着自己，以免让孩子看到妈妈生气时的面孔。

2. 惩罚时不妨听听孩子的建议

看到这里，有的妈妈会问，惩罚孩子还需要听从孩子的建议吗？答案是：要听从。为了让惩罚成为一件理性的事情，妈妈可以事先跟孩子商定一个奖惩制度，让孩子明白犯错后要受到什么惩罚，而且在惩罚孩子时，也要听听孩子的建议。比如，向孩子陈述他犯错的事实，给孩子申辩的机会，听听孩子对于惩罚的意见和建议。这样做，可以让孩子更心服口服地接受惩罚，同时也有效地保护了孩子的自尊和自信。

3. 惩罚应该就事论事，而不能被情绪左右

在惩罚孩子时，还有一个关键的原则，就是不能带着情绪去惩罚。妈妈不能因为白天情绪不好，就趁着孩子犯错的机会一并把自己的负面情绪给发泄出来，这对孩子而言是非常不公平的。所以，在惩罚时，父母一定要就事论事，控制好自己的负面情绪，理智地让孩子明白受罚的原因，这才是解决问题的关键。

我们惩罚孩子是为了让孩子改正错误，成长为更好的自己。当棍棒替代教导，打骂成为常态时，我们还如何期待孩子能够自信、健康地长大？所以，妈妈一定要慎用体罚手段，注意呵护孩子的尊严和自信。

惩罚要慎用，它容易让孩子学会撒谎

惩罚孩子的一个直接后果就是，孩子会变得更"聪明"，下次犯错时，他首先想到的是掩盖，而不是承认，为什么？原因很简单，他害怕被惩罚！

"知乎"上有一个讨论，那就是"小孩子天生就会撒谎吗？为什么？"

网友的回答具有很高的一致性，大多数网友的回答都是持否定态度，否认小孩子天生就会撒谎，而是大人们教育不当的结果。

有的家长觉得孩子被打一通不碍事，过几天就好了。其实不然，正因为

孩子是弱小的个体，所以不能理性地权衡轻重，往往容易因为害怕被打而做出更危险的事情来。所以，妈妈一定要站在孩子的立场去考虑问题，体谅孩子的恐惧和焦虑心理，尽量避免打孩子。

那么，妈妈一味惩罚孩子，究竟会给孩子造成哪些不良的影响呢？

1. 惩罚会让孩子变得很胆怯

作为妈妈，我们应该给予孩子试错的机会，不要把孩子管得太严苛了，这也不允许孩子动，那也不允许孩子玩，难道你想让孩子变成一个安静的"木偶人"吗？孩子就应该有孩子应有的活力和朝气，淘气和顽皮是孩子表达活力和朝气的一种直接方式。我们不能因为害怕孩子弄坏玩具或家中其他物品，就剥夺了他顽皮的权利。

妈妈动辄惩罚孩子，容易让孩子变得胆怯、孤僻。《中国心理卫生杂志》的一项研究指出：有一位严厉、缺乏温情和理解的父亲是导致孩子社交恐惧最主要的原因之一。如果孩子被管得太多太严了，他们的心理防御系统就会启动，他们觉得自己总是犯错、不如别人，慢慢就会变得自卑、害怕尝试，进而脱离正常的社会生活，形成社交恐惧。

2. 惩罚会让孩子变得爱撒谎

对于处于叛逆期的孩子来说，没有哪个孩子不犯错误，甚至有的孩子还会经常犯同样的错误，就算是最好的教育专家来教孩子，也无法避免孩子犯错误的问题。既然如此，妈妈就应该淡定一些，尽量通过耐心的教育来纠正孩子的错误，而不是试图通过打骂的方式来获得暂时的效果。

儿童教育专家海姆·吉诺特博士说："惩罚不能阻止不良行为，它只能使罪犯在犯罪时变得更加小心，更加巧妙地掩饰罪行，更有技巧而不被察觉。"同样，孩子遭受惩罚时，他会暗下决心以后要小心，而不是要诚实和负责。

趋利避害是人的本能，孩子也不例外。在利害面前，孩子会"铤而走险"，试图用撒谎的方式来掩盖自己的错误，以免受到父母的惩罚。比如这次他不小心打碎了一个花瓶，你打了他一顿，下次他不小心又打碎了一个花瓶，他很可能会撒谎说："花瓶是猫打碎的。"

3. 惩罚会让孩子变得更加对抗

很奇怪，熙熙这会儿怎么这么安静呢？妈妈决定去看看，结果发现两岁半的熙熙把面粉撒得满地都是，玩得不亦乐乎呢。妈妈气得大喊："我得打你多少次屁股，你才能记住不再这样？"妈妈抓住熙熙，拿起戒尺，朝着熙熙的屁股就是狠狠的几下。可是没过几天，妈妈发现熙熙又趁大人不注意，抓起面粉往地板上撒。

案例中的这个孩子之所以反复犯错，很可能是妈妈的行为激起了他的反抗情绪。你不让我撒，我偏要往地上撒，看你除了打我还能怎么办？是的，作为妈妈，你会发现，面对孩子的错误，你打了他一次，他暂时能乖顺几天，等你不打他了，他又开始背着你犯同样的错误，似乎还有点儿挑衅的意思。

总之，孩子也有叛逆心理，你对他施以暴力，他就可能对你施以反抗。针对上面的这个例子，下次再遇到同样的情况，妈妈不妨告诉孩子："你撒的面粉很漂亮，但是把地板弄脏了，你和妈妈一起把地板上的面粉打扫干净可以吗？"引导孩子承担他自己的错误造成的后果，远比一味责打他要有效得多。

教育孩子，是一场修行。尤其是面对孩子的叛逆行为时，更是一场艰难的修行。妈妈要控制好自己的脾气，理性地对待孩子的错误，允许孩子在底线范围内尝试几次错误的行为，让他自己理解错误的后果是什么，而不是依靠妈妈的打骂，以伤害孩子自尊的方式告诉他"究竟什么是错的"。凡事动辄惩罚孩子，很可能会让孩子变得更有心机，下次做错事时更小心。这样不是违背了我们教育孩子的初衷吗？

替代惩罚的技巧一：请孩子帮帮忙

当孩子犯了错时，请不要急于惩罚孩子，尤其是不要采用打骂的方式来惩罚孩子。想要让孩子改正错误，完全可以用其他更为正面的管教方式，比如让孩子"帮帮忙"。

一个两岁半的小男孩很喜欢帮妈妈端饭菜。有一次，他刚走几步就失手了，饭菜掉在地上，顿时地板上一片狼藉！小男孩愣在那里，不知所措。

妈妈闻声赶来，并没有对小男孩发火，也没有惩罚他，而是说："哦，这盘菜算是孝敬土地公公了！好了，反正饭菜已经洒在地上了，我们一起来收拾一下，你愿意帮助妈妈吗？"

小男孩犹豫了一下，又重重地点了点头。

母子二人不一会儿就把地板打扫干净了，小男孩脸上又露出了笑容。

试想，如果这位妈妈没能克制住自己的情绪，见到饭菜洒了一地，劈头盖脸就对小男孩一顿打骂，那么孩子内心一定会很受伤，或许这件事情还会在孩子心里留下阴影，这对孩子的成长是极为不利的。

具体来讲，当孩子犯错后，妈妈如何请孩子"帮忙"呢？

1. 请孩子帮忙擦掉墙上的画

相信很多孩子都有过在墙上乱涂乱画的经历，妈妈回到家，看到墙上被孩子涂得花花绿绿，心中肯定会充满怒火，恨不得逮着孩子一巴掌拍下去……但这个时候，生气有什么用呢？最重要的是要让孩子认识到自己的错误，并且让他知道下次再这样胡乱涂画将会有什么后果。

所以，这时候，妈妈应该克制住自己的冲动，平静地递给孩子一块抹布，然后告诉孩子："宝贝，墙面脏了，你可以把这些画全部擦掉吗？"这个时候，你要做的事情就是等待，等待孩子耐心地将自己的"战场"彻底处理干净，如果孩子这时候跑来跟你撒娇，说："太累了，我不想做。"你应该坚定地笑着对他说："哦，我看到你刚才擦得很认真、很干净呢。加油，妈妈相信你一定能做得很好。"相信孩子下次再也不会胡乱涂画了。

2. 请孩子帮忙洗干净自己的衣服

2~3 岁的孩子，应该注意讲究卫生了。比如，应该知道洗手的时候自己把衣袖挽起来；吃完饭，及时用纸巾擦掉嘴角的饭渣。如果你屡次跟孩子提过注意事项之后，孩子还是不管不顾地弄脏衣服的话，那是时候出手，让他接受一下洗衣服的"惩罚"了。

很简单，帮孩子接一盆水，摆好肥皂，然后笑着告诉孩子："宝贝儿，妈妈已经告诉你很多次，别弄脏衣服，可你显然并没有听清楚。所以，妈妈希望你在下次吃饭前把自己的衣服洗干净哦。而且，下次你再弄脏衣服的话，妈妈很可能还会让你洗衣服。"孩子体验到洗衣服的不易之后，以后多少都会注意不再随便弄脏衣服。

3. 请孩子整理一下杂乱的厨房

你在厨房里紧张地为全家人准备丰盛的晚餐，无暇顾及正蹲在地上玩耍的孩子。结果等你一回头，吃惊地发现厨房的地上早已是厨具碗筷一片狼藉。没关系，妈妈要告诉自己，解决问题最重要。这时候，你可以告诉孩子："宝贝儿，我们马上要吃饭了，但是地面被你弄得一团糟，妈妈想让你帮忙，在吃饭之前把所有的东西放回原处好吗？妈妈相信你能做到，如果你能将它们全部放回原处的话，妈妈下次还会考虑让你接着在厨房里玩游戏。"

当然，下次孩子还想折腾的时候，你要及时地加一句："可以玩，但待会儿要全部放回原处哦！"这样，孩子就会慎重地考虑究竟要不要给自己添那么多的"麻烦"。

这样，孩子在做家务的过程中，不仅能意识到自己的行为会给别人带来多么大的烦扰，还能逐步学会承担错误带来的责任，一举两得，何乐而不为呢？

替代惩罚的技巧二：给孩子提供选择的机会

孩子犯错误之后，除了惩罚的方式，也可以换一种思路解决问题，尤其是针对 2~3 岁的孩子而言，用惩罚以外的方式来处理孩子犯错的问题，更有利于保护孩子幼小的心灵。

一位妈妈带着 3 岁的女儿去超市购物，孩子在超市里跑来跑去，既影响其他顾客购物，还很不安全。这时妈妈并没有像其他妈妈那样大声斥责孩子，而是温和地对孩子说："宝贝儿，你要么跟在妈妈旁边好好走路，要么坐在购物车里，你想怎么做呢？"孩子犹豫了一下，说："我还是坐在购物车里吧。"说完，孩子让妈妈把她抱进了购物车。

一个令多数妈妈感到麻烦的问题就这么解决了。

其实，孩子之所以会有叛逆的表现，往往是因为妈妈平时对他的要求都是命令式的，没有给孩子自己选择的机会，时间久了，孩子就对大人的命令产生强烈的抵触情绪。

面对孩子的这种叛逆心理，我们不妨考虑一下"多项选择法"。比如，孩子晚上玩闹不好好睡觉，妈妈如果一遍遍地对孩子大吼大叫："你必须得睡觉，否则妈妈要生气了！"孩子很可能依然停不下来。可如果妈妈换一种方式，让孩子做出选择："咱们是现在上床，还是 5 分钟后上床？"孩子就会认真地考虑一下妈妈的建议，然后回答说："5 分钟后上床。"等到了 5 分钟的时候，妈妈可以心平气和地提醒孩子："你刚才自己说 5 分钟后要睡觉的哦，现在时间到了，不可以说话不算话哦！不然下次妈妈就没法相信你了。"一般情况下，孩子都会乖乖地去睡觉。

下面，我们以具体问题为例，来谈谈替代惩罚的办法：

1. 孩子不好好吃饭怎么办

很多妈妈都很头疼孩子吃饭的问题，一到了吃饭时间，孩子这也不吃那也不吃，妈妈很着急。这个时候，你不妨试试让孩子为自己的吃饭问题做出选择。等饭菜端上桌之后，你可以问孩子："宝贝儿，主食有馒头和面条，你想一下自己要吃哪一种主食？"孩子如果回答："我哪个都不想吃。"那么妈妈要坚持自己提供的选择项，明确地告诉孩子："没有'不吃'这个选项哦，必须得做出选择。"这时候孩子就会主动选择一种主食，并且会开开心心地选择吃掉它，因为他觉得自己竟然有选择权了。

2. 孩子看动画片没完没了怎么办

动画片是陪伴孩子成长必不可少的亲密伙伴，然而让很多妈妈担心的是，孩子特别爱看动画片，一关掉电视孩子就会哭闹不停。面对这种情形，很多急脾气的妈妈就会不由分说地关掉电视，结果孩子大哭大闹，妈妈一听更加烦躁，说不定还会做出更为严厉的惩罚举动。

而高情商的妈妈又是怎么做的呢？她们会跟孩子约定一下时间，比如在看动画片之前，就跟孩子约定好，问问孩子："宝贝儿，你选择一下，是看一集动画片还是两集动画片？"孩子肯定会毫不犹豫地选择看两集。等孩子看完两集动画片的时候，先看看孩子的反应，看孩子能否自觉地喊妈妈来关电视。如果孩子自觉遵守约定，那么妈妈一定要及时奖励，如果孩子到了约定时间依然耍赖不关电视，那么妈妈也不用生气，可以接着让他选择："你可以再看一集动画片，但因为你今天没有遵守约定，那么明天看动画片的时间就取消了。你自己决定吧。"得到妈妈这样的回答，孩子一般会慎重做出选择。

3. 孩子把房间弄得一团乱怎么办

孩子在你忙着工作或者干家务的时候，把房间搞得一团乱，妈妈该怎么办呢？低情商的妈妈会对着孩子直接大吼一通，然后愤然地把孩子赶出房间，自己开始烦躁地整理孩子的"战场"。其实这样的做法并不能让孩子有所收敛。

淘气是孩子的天性，我们不可能因为孩子一时的淘气就完全剥夺掉他寻找乐趣的权利。这时候，高情商的妈妈会走过去跟孩子这样沟通："妈妈允许你在房间里玩，但你把房间弄得太乱了，现在有两个选择，你是选择自己把东西整理好呢，还是选择不在房间里玩耍？"相信大多数孩子都会毫不犹豫地选择"自己把东西整理好"。

当然，在考虑用"选择法"来替代惩罚孩子时，妈妈给孩子的选择一定要是合理的，孩子可以接受的。这样一来，妈妈既可以对孩子的行为做到良性引导，又不会令孩子感觉自己是被控制的，反而有利于培养孩子的独立意识。

替代惩罚的技巧三：让孩子体验错误行为的自然后果

一位年轻的妈妈带着两岁半的儿子在广场上玩耍，她的儿子因为争抢玩具，咬了一个小姑娘的手，小姑娘生气地走开了。小男孩一个人玩耍感觉很没意思，于是央求妈妈把小姑娘找回来。妈妈并没有直接帮助他，而是蹲下身子对他说："你咬了小姐姐的手，小姐姐生气了才不跟你玩的，你现在一定很难过吧？所以，下次无论发生什么事都不要咬小朋友的手。想要让小姐姐回来陪你玩，你应该先向她道歉。"

听完妈妈的话，小男孩点了点头，并且拉着妈妈的手一起去找小姐姐。

所谓"吃一堑，长一智"，当孩子很难真正明白自己行为的错误时，妈妈不妨让孩子体验一下因自己的错误行为所带来的自然后果吧。当孩子意识到自己的错误时，他们才会因此纠正自己的行为。当然，这样的体验一定要在保证孩子安全的前提下进行。下面我们就看几个让孩子体验自然结果的例子：

1. 告诉孩子，玩完玩具不收拾的话，有可能会失去它

3 岁的阳阳特别喜欢恐龙玩具，为此，妈妈给他买了各式各样的恐龙玩具。每天吃完晚饭，阳阳就会在客厅的沙发上摆弄他的恐龙玩具，但是每次玩完，自己都不收拾，而是让妈妈来帮他收拾。

这天吃完晚饭，阳阳玩完玩具后同样没有收拾，妈妈也没有帮他收拾。阳阳的爸爸坐在沙发上看电视时，顺手把阳阳的恐龙玩具塞在了茶几底下。第二天，阳阳再找出恐龙玩具玩耍时，发现少了一个，于是大哭大闹。

妈妈走过来，问明情况后对阳阳说："你自己玩完玩具不收拾，

它很容易丢哦,下次不要再这样了。"

　　孩子玩玩具的时候,总是一副兴高采烈的样子。可是,一等到睡觉前的整理时间,孩子就开始撒娇、耍赖,死活不愿意收拾,这种情况下妈妈该怎么办呢?不妨耐心地告诉孩子:"玩具买回家就要用心保护它,否则任由它们在地上躺着的话,很有可能丢失或者被大人不小心踩碎。"如果孩子仍然耍赖不收拾的话,那么妈妈索性也不用替他收拾了,如果玩具丢失或不小心被踩坏,那就让孩子来感受这种后果吧。通过这样的方式可以让孩子明白这样的道理:你如果不懂得好好保护自己的玩具,那么有一天你终将永远失去它。如果你不想这样的话,那就好好把它收拾好吧。

2. 适当让孩子感受危险,他就有可能学会远离危险

　　2~3 岁的孩子,对周围危险的感知力和判断力比较弱,妈妈们可能会整天过得提心吊胆,生怕孩子一不小心碰了什么危险的东西,如电、热水、剪刀等。但是,危险难以避免,就连一个玻璃杯掉在地上,碎玻璃都有可能划伤孩子的脚,那么妈妈该如何提高孩子的安全意识呢?

　　与其提心吊胆地盯着孩子,不如让孩子在你的眼皮底下感受一下危险究竟是怎么回事。比如,妈妈可以在孩子面前放一杯热水,告诉孩子:"杯子里的水特别热,千万不能碰,知道吗?一旦碰了,手会非常疼。"你可以让孩子试着触碰一下热水杯的外沿,让他感受一下危险的后果是什么。然后再趁机告诉他:"妈妈说过危险的东西,都跟热水一样,会让你感觉很疼或受伤,所以妈妈平时跟你提到过的暖水瓶、电插孔、厨房的刀具,等等,都不要再随意触碰了,否则你会感觉很疼或容易受伤。"让孩子记住"危险的感觉",那么他就不会那么轻易地去试探了。

　　卢梭在他的教育名著《爱弥儿》中就提到过"自然惩罚"的教育办法,即应该让孩子从经验中去获得教训。只有让孩子在"自作自受"的过程中感知到错误的具体后果,他才会从中吸取教训,从而改正自己的错误行为。

第七章

不动气、不娇纵，
和善与坚定并行的正面教养法

当 2~3 岁的孩子做出让你伤心气愤的举动时，千万别急着给他扣上"坏孩子"的帽子，那是因为你有可能由于不了解孩子的内心想法，而对孩子做出错误的评价。那么，妈妈应该如何了解孩子行为背后的真实意图呢？当孩子泪流满面地想要得到一件心爱的玩具时，你会一时心软答应他的请求呢，还是会冷漠坚决地拒绝他的请求？当你面临这些困惑时，不妨好好地了解一下不动气、不娇纵，和善与坚定并行的正面教养法。相信你一定能够找到解决这些困惑的答案。

不要急着给孩子贴上标签

当孩子出现一些看似错误的做法时，妈妈先不要急着给孩子的行为下定义，没准儿孩子的行为背后有你看不到的积极意图呢！作为妈妈，我们应该充分信任自己的孩子，在孩子出现异常的举动时，先不要急着给孩子贴上一个"坏孩子"的标签。

3岁的莉莉一直是家里最招人疼的女孩，爸爸妈妈虽然工作很忙，但对女儿一向是百般呵护、有求必应。但与爸爸妈妈的"爱心"相比，莉莉却似乎不愿意回馈给父母同样的"爱心"，好像觉得父母为她做什么都是理所当然的，而且稍有照顾不周时，便会跟父母发脾气。

这一天，爸爸妈妈带着莉莉去外地旅游，大家开开心心地走在饭店的大厅里，准备饱餐一顿。这时，穿着高跟鞋的妈妈走着走着，一不小心摔倒在地，膝盖顿时青了。爸爸赶紧去扶妈妈，莉莉却在一旁说："妈妈自己起来。"

爸爸没有理会莉莉的话，把疼得咬牙的妈妈扶了起来，关切地问："没伤着吧？"

"没事，地太滑了，真倒霉啊！"妈妈揉着膝盖，脸上微微渗出了汗珠。

"妈妈不看路。"莉莉用稚嫩的语气接着说道。

"怎么和妈妈说话呢？"爸爸非常不悦。

"自己摔倒自己站起来。"莉莉并没有在意妈妈的伤心和爸爸的不满。

"我看你就是自私，除了自己，谁都不在乎！"爸爸失望地说。

莉莉的行为，在一般人眼里，肯定是一种自私、没有爱心的表现。我们之所以会对莉莉做出这样的评价，是因为不了解莉莉的成长背景和身心发展状态。但是作为父母，在面对女儿这样的行为表现时，没有耐心地教育和引导，只是一味地表达不满和伤心，肯定是一种不信任孩子的表现。

如果莉莉的父母足够地了解自己的女儿，并且具备一些儿童心理学方面的知识，那么就不会对莉莉的表现做出那样负面的评价。其实，莉莉的这种行为并不是因为她自私冷漠、完全不考虑别人，而是因为她受心理、智力发展水平限制，所做出的一些本能反应，这与孩子的阶段性成长有关系，是由孩子这一阶段思维发展的特点决定的，也是孩子在成长过程中的正常表现。我们可以想象，莉莉平时摔倒的时候，妈妈肯定也这样对她说过："你怎么不小心啊，要做勇敢的孩子，自己摔倒自己爬起来吧。"2~3岁的孩子很容易模仿大人平时说话的口气和方式，这并不是自私、冷漠。相反，这是孩子在不断地学习和成长。

因此，作为妈妈，我们一定要努力挖掘孩子行为背后的积极意图，不要随意地"误解"孩子。

1. 要意识到淘气是孩子的天性

家里的钟表被孩子拆得七零八落，鱼缸里的金鱼被孩子拿出来放在地板上观察，厨房里的面粉被孩子当作雪花撒满一地……你会因为孩子这些淘气的行为将他划为"淘气的坏孩子"吗？妈妈有时候应该把心胸放宽一些，把眼界放远一些，给予孩子足够的理解和包容，这样就会把孩子的淘气看作他的天性使然。

苏联教育家苏霍姆林斯基说过："儿童的智慧在他的手指尖上。儿童的双手掌握的技巧越高超，这个孩子就越聪明。"孩子喜欢摆弄各种物品和工具，尝试自己想做的事，正是在这样的动手探索过程中，智慧才得以发展。所以，妈妈应该给予孩子一个宽松的环境，让孩子学着摆弄一些他感兴趣的东西，不要动不动就指责孩子"败家"。

2. 孩子小时候只能看到自己眼里的世界

客观地讲，2~3岁的孩子在思考问题时，往往只会从自己对事物的看法这一个角度出发，而缺乏对全局的掌握，不会多方面、多角度地考虑问题，很少能主动去顾及别人会怎么想。举个例子，如果眼前的盒子里只剩下一颗糖，而旁边站着三个小朋友，孩子们肯定都希望眼前这颗糖果能够吃进自己的嘴里，至于"分享"和"谦让"这些良好的品质还无法走进他们的世界。此时，他的眼里只有糖，而没有其他小朋友。这是孩子阶段性成长的必然。

3. 孩子，妈妈相信你

孩子看见妈妈做饭的时候，大都会主动跑过来"热心地帮助"。但在生活中，这样的请求却经常被妈妈认定为"捣乱"，觉得孩子所谓的"帮忙"不过是"帮倒忙"罢了。其实孩子的本意是好的，想和妈妈愉快地一起做饭，但是妈妈却总是觉得孩子太小，所以往往将孩子的"好意"拒之门外。

这样的妈妈其实没能够理解孩子行为背后积极的意图，早早给孩子贴上消极的标签，这是对孩子的一种误解，虽然他可能暂时还做得不够好、不够快，但只要妈妈给予足够的耐心和指导，孩子一定会慢慢地学会做家务，成为妈妈的好帮手的。

引导孩子把犯错误当作学习的好时机

孩子在犯错误的时候，我们可以把这当成一个引导孩子学习的好时机。探索和尝试，是培养孩子认知能力和动手能力的重要方式。比如孩子在尝试拆玩具的时候，如果我们指责孩子："你怎么这么淘气呢？不能乱拆！"孩子感受到的可能就是害怕，害怕做错了事情被父母惩罚，结果什么事情都不敢做了。

我们应该这样告诉孩子："尽量不要去做错误的事情，不过一旦犯错，也别害怕，只要勇于承担责任，及时吸取教训，把犯错当作学习的机会就可以了。"

这里以教育家陶行知教育学生的故事为例，来向妈妈们说明这个道理。

陶行知当小学校长时，有一天，他看到一个学生用泥块砸自己班上的同学，于是当即喝止他，并令他放学时到校长室里去。放学后，陶行知来到校长室，这个学生已经等在门口了。可一见面，陶行知却掏出一块糖送给他，并说："这是奖给你的，因为你按时来到了这里，而我却迟到了。"学生惊异地接过糖。

随之，陶行知又掏出一块糖放到他手里，说："这块糖也是奖给你的，因为我不让你打人时你立即住手了，这说明你很尊重我，我应该奖励你。"那个同学更惊讶了。

陶行知又掏出第三块糖塞到他手里，说："我调查过了，你用泥块砸那个男生，是因为他们不守游戏规则，欺负女生。你砸他们，说明你很正直、善良，有正义感，我应该奖励你啊！"那个同学听到这些话感动极了，他流着泪后悔地说："陶校长，你打我两下吧！我错了，他们毕竟是我的同学啊！"

陶行知不愧为伟大的教育家，他为妈妈们提供了很好的学习榜样。当孩子犯了错误时，我们不应该一概否定，而是应该抓住时机，让孩子在犯错之后能够学习到更好的人生经验。在这个案例中，这个男孩虽然犯了"打人"的错误，但是在校长陶行知的引导下，他不仅认识到打人是一种错误的行为，而且在这个错误中还看到自己所表现出的"守时""尊重老师"等良好品质。也许这个孩子只是出于忐忑不安才早早地来到了校长室，但陶行知却能够看到孩子身上的闪光点，赞扬他的"守时""尊重老师"等良好品行。相信这个孩子长大以后一定会收获三个重要的人生道理，那就是：做人要守时，做人要尊重师长，还要爱护同学。

当孩子犯了错误时，妈妈至少要引导孩子从错误中吸取以下几点经验：

1. 让孩子认识到"我错了"

孩子犯错后，妈妈第一时间要做的事情就是让孩子意识到"我错了"。这种"我错了"的认识应该是孩子发自内心的，而不是屈服于父母的惩罚。儿童心理学研究结果表明：对孩子进行惩罚，短期内或许会有一定的效果，但长期下来，却无法达到教育的目的。

> 一个孩子在他刚满两岁的时候，有一次伸手打了妈妈一下，妈妈觉得他还小，就没在意，结果孩子伸手又在妈妈的脸上打了几下。这位妈妈意识到问题的严重性，于是大声告诉孩子：不可以这样，然后顺势把他放在床上，并离开了一会儿，以此来表示对他的惩罚。反复几次后，孩子终于知道，"打人"这件事情是错误的。

2. 让孩子诚恳地向对方道歉

孩子在意识到自己错了之后，接下来要做的事情就是让他诚恳地向对方道歉。孩子认错需要一定的勇气，有时候他们不敢认错，可能是害怕承担可怕的后果。这时候，妈妈应给孩子一种安全感，告诉孩子每个人都有犯错误的时候，你犯的错误会给他人造成一定的伤害，所以我们一定要诚恳地向对方说一声"对不起"，这是必须要做的事情。

如果孩子不愿意跟对方说"对不起"，父母一定要坚持原则，必要的时候可以给予一定的处罚。

3. 让孩子学会勇于承担责任

3岁的雷雷在小朋友家里玩耍的时候，不小心把小朋友家的玩具小汽车弄坏了。他的妈妈跟小朋友的妈妈商量了一下，打算让雷雷进行"赔偿"，借机培养他的责任感。

回到家后，妈妈跟雷雷说："你弄坏了别人的玩具，应该给他买一个新的。妈妈和你商量一下，能不能自己赚钱买一个小汽车赔偿别人？"雷雷低下头，伤心地说："可我还小，不会挣钱啊！"妈妈说："你可以通过帮我做家务的方式慢慢赚钱啊。"雷雷一听要他挣钱，显得很有兴趣："妈妈，怎么挣？"妈妈指着地上的韭菜说："你和妈妈一起把这些韭菜择完，妈妈就奖励你两块钱，以后每帮妈妈做一次简单的家务，妈妈就付你两块钱，直到你的储蓄能买得起玩具小汽车为止。"尽管雷雷才3岁，根本没有什么挣钱的能力，但妈妈还是想通过这件事让儿子学会为自己的过错埋单。

我们应该为这位妈妈的做法点赞，孩子在犯了错误后，打骂没有任何用处，关键是要让孩子在认识到错误后，能学会积极地承担责任。

当起冲突时，共同协商是一种"双赢"策略

孩子在成长的过程中，总会出现想法与我们不一致的时候，这是孩子自我意识觉醒的一个必经过程。作为妈妈，我们不能压制孩子不同于我们的想法，不能总是以父母的身份自居，要求孩子妥协。

一味要求孩子妥协，这种专制的教育方式会给亲子关系带来很大的负面影响。因为被父母"逼迫"，孩子很可能觉得不公平，甚至感觉到生气、怨恨。长此以往，怨恨慢慢代替了爱与亲情，孩子跟妈妈的亲密关系会变得越来越疏远。另外，长期生活在父母的强制命令之下，孩子缺少发展自律精神的机会，长大后，容易形成依赖型人格。

这里我们以《转念：从命令式吼叫到亲密陪伴》一书中泽爸与花宝的故事为例子，为大家讲一讲当父母与孩子的想法产生冲突时，应该怎么办。

花宝撒娇地看着我并摇摇头，表示她不想吃饭了。我（泽爸）看了看依然满满的一碗饭，对花宝说："但你只吃了几口啊，等一下肚子饿了怎么办？"花宝想了想，跑到客厅，手上拿着几块苹果，笑着对我说："那我吃水果就好了，不用吃饭。"

"不能只吃水果，还是要吃饭啊。"我摇摇头。

"但是我吃饱啦，我现在只想吃水果啊。"花宝被我拒绝，有点难过，还有点激动。

"你才吃了几口而已啊，怎么会饱呢。"我笑了笑说，"不然，你再吃几口就好。"

"我就是要吃水果。"固执的花宝不肯退让。

"不行，就是要先吃完饭，才可以吃水果。"我也毫不妥协。

互不退让的两方，亲子冲突一触即发。

在这种情况下，一种显而易见的沟通办法就是共同协商。共同协商是一种相互妥协"没有输家"的方法，通过共同协商，妈妈和孩子都能找到接受它的平衡点，这样既能帮助妈妈解决问题，又能保全孩子的自尊心。比如到了吃饭时间，孩子提出想要吃一个苹果，然而妈妈担心孩子吃完苹果就不再好好吃饭，怎么办呢？这时候，妈妈可以主动提议："再吃最后一块苹果，就要好好吃饭，可以吗？"然后双方共同评价这些备选方案，选出最佳方案。

从长远来看，妈妈要想与孩子建立和谐的沟通关系，需要注意以下几个方面：

1. 要建立与孩子的亲密关系

建立和谐的亲子关系是减少孩子与妈妈之间冲突的一个重要方面。实践证明，在一个有着和谐亲子关系的家庭中，妈妈与孩子之间的沟通会比较顺畅，孩子不需要妈妈的督促和唠叨，往往就会积极主动地做好自己的事情。相反，亲子关系紧张的家庭，不管妈妈怎样教育，孩子都表现得比较消极、被动，对任何事情都秉持着一种对抗的态度。

要想减少家庭冲突，妈妈必须要以有效沟通来作为家庭教育的主要手段。通过有效沟通，妈妈可以及时发现、了解孩子的心理问题，然后才能以正确的方法给予孩子正确的引导，这种教育方式对孩子的身心健康发展将非常有利。

2. 要多倾听孩子的意见

作为妈妈，我们要多倾听孩子的心声。倾听，能帮助孩子合理地释放自己的情绪，能帮助孩子理清自己的思路，还能帮助孩子更快地找到解决问题的办法。然而，要做到用心倾听，并不是一件很容易的事情。积极聆听，并不是让妈妈不出声，而是倾听时要把注意力完全放到孩子的身上，去感受对方所表达的感情。

有的时候，孩子跟妈妈发生冲突，就是因为孩子本身的负面情绪还没有得到合适的宣泄，妈妈就急着跟孩子沟通，这样反而会让孩子变得更加愤怒。所以，妈妈要想跟孩子和谐地沟通，就要理解他，耐心倾听他内心的无助、恐惧、愤怒和焦虑等不良情绪，并适当予以接纳。只有让孩子的负面情绪得到适当的宣泄，孩子才能平静地与你进行沟通。

3. 要把孩子当作一个独立的个体来对待

妈妈和孩子容易发生冲突，还有一个重要的原因就是，妈妈对孩子不够尊重，没有注意维护孩子的自尊，没有把孩子当作一个具有独立人格的个体来看待。

有的妈妈喜欢把孩子当作自己的私有财产，会有"孩子是我的""我是你妈，你必须听我的""将来你就会明白我是对你好"等种种说法。这说明这样的妈妈没把孩子当成一个独立的个体，认为孩子就是孩子，就要按照家长的要求去做，却不懂得孩子大了，有了自己的想法。你要求他做事情之前，应该好好和他商量，听听他的想法。除非在万不得已的情况下，你可以命令他，但事后也要做出解释。你只有把孩子当作独立的个体去尊重，他才会愿意耐心地听从你的建议和指导。

在生活中，并不是只有"对"和"错"两种答案，当孩子与我们的想法发生冲突时，以退为进、平等协商未尝不是一种"双赢"的策略。

坚持纪律约束，从小培养孩子的规则意识

所有的孩子不可能自由散漫地随意长大，他们都需要一定的纪律约束来帮助其成长。纪律约束不仅能够纠正不好的行为，还能帮助孩子的智力、情感和身体健康成长。我们悉心照顾孩子的饮食起居，带他体会每天的作息与步调，让他逐渐知道，每天的生活流程是怎样进行的；等他稍微长大点，我们要逐渐让他知道，在公共场合不能大吵大闹，玩滑梯的时候要排队；等他开始上学之后，我们要让他知道学校有哪些必须遵守的纪律，比如早上上课不能迟到，吃饭得按时按点，不到放学时间不能随便回家，等等。

在这些诸多的纪律约束下，孩子逐渐学会如何与群体更好地相处，也学会如何更好地融入社会。在纪律和规矩面前，妈妈首先应该是孩子的榜样，如果妈妈都做不到遵守规则，那又怎么能奢望孩子按照纪律和规则行事呢？

我们来看下面这位妈妈是如何引导孩子遵守规则的。

爸爸妈妈带着3岁的浩浩参加幼儿园举行的短跑比赛。比赛要求必须围绕操场划定的白色线条跑步，跑步过程中，不能越过白色实线。

到了真正比赛的时候，孩子们早已把老师说好的规则抛到了九霄云外，浩浩看到排在他前面的小男孩跑得比自己快，变得非常焦躁，于是他做了一个违规的举动，越过白色实线，来到另外一条跑道，然后再慢慢超过原本在他前面的小朋友。

就在这时，他身后的腾腾喊道："浩浩，浩浩，你为什么要跑我们这一边？"

"我跑得快呀！"浩浩头也不回地说道。

"你挡住我了，我要告诉老师。"腾腾哭着停了下来。

　　浩浩妈妈这时也发觉浩浩跑到了别人的跑道上，于是她径直跑到浩浩面前，把浩浩拉出了队伍，然后严肃地告诉他："浩浩，老师说不能越线跑步，你违规了。你有没有想过，如果所有人不按照规定路线跑步，还能公平比赛吗？"

　　尽管浩浩哭着央求妈妈，妈妈还是坚决拒绝了他再次参加比赛的要求。

　　"儿子，你要记住，如果你遵守规则的话，原本还有赢的机会，但你现在违规了，连比赛的资格都没有了。"妈妈给浩浩擦了擦眼泪，说道。

　　这个案例告诉我们，在输赢面前，规则意识尤为重要，我们可以输了比赛，但却不能失去规则。有的时候，恰恰是因为不遵守规则，结果输掉了本该赢得的比赛，现实生活中因为蔑视纪律和规则而失败的例子比比皆是。

　　在引导孩子进行纪律约束时，妈妈要坚持以下几点原则：

1. 要用冷静的态度让孩子坚持纪律约束

　　当孩子不能够很好地遵守纪律时，妈妈一定要保持冷静的态度。如果我们硬生生地冲着孩子吼一句"你必须给我吃饭""你马上把地上的玩具收拾好"……换位思考一下，无论是谁听到这样的厉声呵斥都不愿意好好地听话。我们应把孩子看作一个独立的个体，孩子与我们的人格应该是平等的。

　　在纪律问题上，我们可以试着用冷静平和的语气和孩子讲道理，告诉孩子"你如果在公交车上大吵大闹，就会吵到别人""你如果在餐厅吃饭时乱跑乱跳，就会影响别人吃饭"，只有让孩子真正理解了规则的重要性，他才会愿意自觉地去遵守，而不是慑于父母的权威而暂时放弃行动。

2. 要用坚定的态度让孩子坚持纪律约束

生活中，有一些家长带着孩子过马路时闯红灯、购票的时候带着孩子插队、让孩子逃票、乘车拥挤的时候让孩子上前去抢座位、在孩子面前随手乱扔垃圾……说起来，这都是些不起眼的小事，可正是这些小事，才容易让孩子养成不遵守规则的习惯。

当孩子出现触及规则的问题时，妈妈一定要坚定地跟孩子说"不可以"。否则，你就是在纵容孩子有朝一日变成危害社会的"小恶魔"。

3. 要用非控制的态度让孩子坚持纪律约束

在纪律约束面前，孩子应该成为自己行为的主人，而非奴隶。要做到这一点，就要从小培养孩子的规则意识，让孩子养成积极、主动、乐于遵守规则的意识，而非被动地接受妈妈的指挥。要做到这一点，有一个前提，那就是孩子一定得从纪律约束中尝到甜头，知道遵守纪律之后，自己能够享受到更大的自由和权利，而非束缚。

比如，当孩子一窝蜂地争着抢着滑滑梯的时候，结果谁都难以享受到滑梯给大家带来的快乐。相反，当孩子们有秩序地排队滑滑梯时，反而很快就可以轮到自己去滑。当孩子享受到了纪律约束给自己带来的机会或收获时，就会在越来越多的事情上自觉自愿地去遵守规则和纪律。

秩序是自由的第一条件。妈妈必须要让孩子明白，只有在纪律约束的前提下，他们才能享受到更多的自由及乐趣。

如何拒绝孩子的不合理要求

"妈妈，我想要这个娃娃！"孩子即使已经有了无数个娃娃，妈妈也会毫不犹豫地说："好，给你买！""爸爸，我还想吃冰淇淋！"哪怕孩子刚才已经吃过了一个，爸爸也会毫不犹豫地说"好，给你买！"……面对孩子的要求，不少父母经常不忍心拒绝。但是偶尔忍痛拒绝了孩子不合理的要求，孩子就会采用哭闹等方法来与家长"对抗"。这个时候，妈妈们应该怎么办呢？

有一天，两岁半的桃桃想吃饼干，妈妈事先和她说好，只能吃3块，她当场同意。当她吃完再要的时候，妈妈以"说好了就3块"为由拒绝了她。桃桃躺在地上哭闹争取，妈妈立即去了别的房间，对这种"无理取闹"采取置之不理的态度。桃桃环顾四周没人围观，立即停止了哭闹，妈妈也在此时出现在她面前，桃桃立即笑脸相迎。事情就这样毫不费力地解决了，但是桃桃的爸爸看到这一幕，说："孩子无非就是要个饼干而已，至于这么大张旗鼓地拒绝吗？"

桃桃妈妈说："毕竟孩子不能惯吧？哭了就给，闹了就给，孩子一定会拿哭闹来讲条件啊！我是能够把握分寸的，合理的要求我会满足她的。"

桃桃妈妈的做法非常明智，在面对孩子提出的要求时，妈妈不能一概接受，而应该把孩子的行为划分为合理和不合理两类。面对孩子的合理要求，我们可以无条件满足，而面对孩子的不合理要求，要坚决地说"不"。比如孩子跌倒了哭泣，想要妈妈的安慰，这个要求合理，妈妈就应当满足。孩子总是故意躺在地上让妈妈抱，不抱就哭，这个要求是不合理的，妈妈就应当坚定地拒绝。孩子饿了要饼干吃，这个要求合情合理，但是讲好了只能吃3块，吃完了还要，就变成了不合理的要求，这种要求就不能随便答应孩子，否则不利于培养孩子的规则意识。

另外，作为高情商妈妈，一定要读懂孩子眼泪背后的语言，孩子的不合理要求一旦被拒绝，他心里难过，哭是正常的，只是在为自己争取最大的利益。这是一个心理较量的过程，如果孩子的无理要求一旦被满足，那么他就会强化对自我利益的抗争能力，下次再遇到他想要的东西，他依然会通过无理取闹、撒娇哭闹的方式来谋求自己的利益。相反，如果他的无理要求被妈妈坚决地拒绝了，那么他以后肯定会知道自己要求的界限在哪里。

当然，拒绝孩子的不合理要求一定要讲究方法和策略，如果用不合适的方法来拒绝孩子的不合理要求，可能会对孩子的心灵造成一定的伤害。

> 3岁的鹏鹏想要一件红色的超人披风，可是当他跑去找妈妈要的时候，却被妈妈冷漠地拒绝了。妈妈告诉他："你现在拥有的玩具已经够多了，还想要什么超人披风，那个披风能当玩具吗？"听到这话，鹏鹏只好伤心地抹着眼泪走开了。整整一天，鹏鹏的心情都非常糟糕。

这个故事告诉我们，在对孩子的不合理要求坚决地说"不"时，一定要温柔且有耐心，要让孩子从心底里觉得，妈妈拒绝自己的无理要求，是一件正确且合理的事情。

要想让孩子对自己的不合理要求有所反省，妈妈一定要在坚持底线原则的同时，做到以下几点：

1. 妈妈一定要言而有信

要让孩子学会对自己的不合理要求进行控制，那么妈妈首先要以身作则，让孩子知道要赖是一种无效的行为，那么他以后就不会要赖了。

当孩子通过哭闹的方式索要一件玩具时，妈妈如果对孩子说，你停止哭闹的话，妈妈就会给你买，那么孩子停止哭闹后妈妈就一定要给孩子买。这样会让孩子觉得妈妈是一个遵守承诺的人，当他下次再提出其他的要求时，如果妈妈说这个要求不合理，我们不应该这样做，那么孩子也会考虑听从妈妈的建议，因为他觉得妈妈是一个值得信任的人。

2. 妈妈既要晓之以理，也要动之以情

在拒绝孩子的不合理要求时，不要简简单单说一个"不"字，就完了。妈妈一定要记得，在拒绝孩子的不合理要求时，一定要让他从内心意识到这样做是不合适的。比如你可以坦诚地告诉孩子：家里经济能力有限，不可能把所有你想要的东西都买回家，这个世界上，也不是所有的人都能得到自己想要的任何东西。妈妈爱你，愿意为你买很多漂亮的礼物，但同时妈妈也希望你能够爱妈妈，知道你这个不合理的要求会对妈妈造成什么样的负担和困难。要让孩子因为理解而放弃自己的不合理要求，而非被迫。

3. 母子之间可以形成共同约定

在事情发生之前，妈妈可以跟孩子进行一些约定。比如你可以告诉孩子，我们今天在商场里只能买一样东西，或者我们只是来玩，一件玩具都不可以买，但如果你表现好的话，妈妈答应待会儿给你买一个冰激凌作为奖励。通过共同约定的方式，双方都自觉地遵守约定，不仅可以让孩子变得言而有信，也能间接锻炼孩子的自我控制能力。

我们要做高情商的妈妈，懂得运用技巧去拒绝孩子的不合理要求，同时，在拒绝时要保护好孩子的自尊心，让孩子即使被拒绝，也感受不到伤害。

不要当面教子，小孩子也要面子

再小的孩子，都有自己的自尊心。当孩子做错了事情时，妈妈不应该说"你这个孩子怎么这么坏""这个孩子怎么这么笨""这孩子连这么点儿事都做不好"，你要知道，每个孩子都是有自尊和面子的，类似这样的话会严重伤害孩子的自尊。

相反，高情商的妈妈会在孩子犯错时这样说："孩子，你在做这件事情的时候，到底是怎么想的？可不可以告诉妈妈？"这种方式不仅有效地保护了孩子的自尊心，还能准确地找到孩子犯错的原因，有利于孩子改正错误。

苏联教育家苏霍姆林斯基曾说："如果不去加强并发展儿童的个人自尊感，就不能形成他的道德面貌。"有的时候，孩子会在一些小事上表现出强烈的自尊心，妈妈千万不要觉得孩子太过敏感和小气，而应该站在孩子的立场上去理解、保护、加强他的自尊心。因为一个渴望得到别人尊重的孩子，未来才有可能拥有强烈的荣誉感和责任感。

另外，要保护好孩子的自尊心，作为孩子最贴心的妈妈，一定要给予孩子充满温柔的爱。

《是孩子让你"丢脸"，还是你让孩子失去尊严！》这篇文章中谈到了这样一个案例：

有一个3岁的女孩刚上幼儿园，老师反映她在班里有些调皮。有一天放学时，这位老师告诉孩子的妈妈："你家孩子今天在幼儿园犯了错误，我在批评她的时候，她说了一句不太恰当的话，她说'小朋友可以打老师'。我想问问您，这句话是谁教给孩子的？我听孩子说，是您在家里教她的，是吗？"妈妈听完老师的指责，既尴尬又委屈，于是她当着老师的面责问孩子为何要撒谎，直到孩子尴尬地承认了自己在撒谎。

回到家后，妈妈把这件事情告诉了朋友，结果被朋友狠狠批评了一通。朋友说，你考虑自己的面子可以理解，但也应该顾及一下孩子的面子，她是不该撒谎，但无论如何，都不应该在老师面前伤及孩子的自尊。听完朋友的批评，这位妈妈非常懊悔。

这位妈妈当着老师的面揭穿女儿的谎言，其实对教育孩子没有任何帮助。当然，她可以牵强地将此解释为：应该教育孩子要诚实。而实际上，这件事情的关键与诚实无关。

在这个案例中，老师和妈妈的做法都是不可取的。作为老师，不应该试图用诱导的方式来找到孩子错误行为背后的原因。当老师质问孩子的时候，孩子会变得焦虑、恐慌，这时候妈妈就是她心目中唯一信任的人，所以她毫不犹豫地把目光投向了妈妈，渴望得到妈妈的救助与安抚。然而，妈妈却没有与孩子站在一个阵营，而是为了自己的自尊和面子，厉声质问孩子"为什么要撒谎"，如此严厉的批评和质问，已经深深地伤害了孩子的自尊，辜负了孩子的信任。

作为高情商妈妈，我们一定要时刻提醒自己不要当面教导孩子，要呵护好孩子的自尊心。

1. 不要当面说孩子的缺点

每个孩子都是一个美丽的精灵，即使他们身上有这样或那样的缺点，也不能掩盖他们的美好。当孩子身上出现一些明显的缺点时，妈妈如果教育方法不对，很有可能会伤害孩子的自尊。比如孩子两岁了还不会叫爸爸妈妈，有的妈妈会当着孩子的面跟别人开玩笑说："我家孩子都这么大了还不会叫爸爸妈妈！"大人觉得没什么，只是开个玩笑而已，但孩子幼小的心灵已经受到了严重的伤害。所以，妈妈应该时刻注意自己的言行，因为有时你一句无心的话，有可能会让孩子终生都抬不起头来。

2. 不要当面羞辱自己的孩子

有的时候你没有对孩子进行体罚，但却对他使用了语言暴力。妈妈们都会有急躁或者"恨铁不成钢"的时候，这种情况下往往会怒气冲天说出一些无法挽回的话语。你觉得自己是在用语言刺激孩子，希望他变得更优秀，但实则是用语言暴力伤害了孩子的自尊。时间久了，孩子一旦被骂习惯，自尊心和羞耻心就会减弱。

3. 即使孩子说谎，也别当面拆穿他

在妈妈的心里，说谎是品行问题。孩子一旦说谎，就必须及时纠正。其实对于2~3岁的孩子来说，说谎与品行没有必然的联系。有的时候他们分不清现实和想象，心里怎么想的，嘴里就怎么说，而并非故意撒谎。比如孩子向小朋友炫耀"我的爸爸是警察"，但其实他的爸爸并不是警察，孩子这么说，只是心里的一个期望而已，妈妈千万不要当面拆穿孩子的谎言，这会对孩子造成很大的心理伤害。

在适当的机会，妈妈可以委婉地告诉孩子，爸爸并不是一个警察，但却像警察一样勇敢，下次你不妨跟小朋友这样说："我的爸爸是个超人。"

在教育孩子道路上你给了他多大的尊重，孩子就会给你反馈多大的理解。妈妈应该成为孩子爱的加油站，当他在你的爱与理解里积蓄了足够多的能量，才能迈向更广阔的人生。

再生气，也不要当面破坏孩子的玩具

换位思考一下，如果孩子因为生气，就当面摔坏了我们的手机或电脑，这个时候，你的心理感受是怎样的呢？玩具再小，也是孩子的心爱之物，妈妈没有权利以剥夺孩子的心爱之物来作为惩罚，这样的教育，给孩子带来的只会是愤怒、怨恨，而非理解和接受。

鲁迅先生写过一篇文章，名字叫作《风筝》，大意是说：鲁迅先生不爱放风筝，不但不爱，还认为这是没出息孩子的玩意儿。有天他发现爱放风筝的小弟偷偷在杂物房做风筝，于是他愤怒地扯断了小弟蝴蝶风筝的一支翅骨，又将风轮掷在地上，踏扁了。然后傲然离开，留小弟绝望地站在小屋里。

后来鲁迅长大后，看到一本外国讲"论儿童"的书，才知道游戏是儿童最正当的行为，玩具是儿童的天使，此后，他的心情变得无比沉重，然而，却再也没有弥补的机会了。

事实确实如此，当着孩子的面随意破坏他的玩具，会对孩子的心灵造成很多负面的影响，这些负面影响是一百件玩具都弥补不回来的。

1. 孩子极有可能对父母产生怨恨心理

作为妈妈，我们并没有随意剥夺孩子心爱之物的权利，否则，孩子失去的，除了一件宝贝之外，还可能会是那颗爱你的心。

> 有一天，强强的姑姑来看他，手里拿了一包果冻，可是妈妈觉得小孩吃太多零食不好，于是便偷偷把它分给了邻居家的哥哥姐姐吃。强强知道这件事情以后，觉得妈妈没有经过他的同意，就把他心爱的零食分给了别人，所以非常怨恨妈妈。当天晚上，妈妈带他出去吃他平时喜欢吃的冰激凌，他也是一副闷闷不乐的

样子。

由此可见，孩子心中无小事，如果处理不当，会让孩子始终耿耿于怀。

2. 孩子容易变得缺乏安全感

很多时候，妈妈经常会因为孩子的一点小错误，就生气地摔打孩子手里的玩具，结果孩子在那里哇哇大哭，然而，妈妈却只会"安慰"孩子说："不就是一个玩具嘛，哪有这么重要！"这就会让孩子感受到这个世界不公平的规则：是的，不过是一个玩具而已，你都要摔坏它吗？不过是一件玩具而已，我都不能安心地拥有它吗？随着孩子渐渐长大，他会越来越缺乏安全感，即便拥有了一些东西，他也会在拥有的同时担心失去，永远患得患失。这个是很严重的事情，妈妈们必须要重视！

3. 孩子可能会变得暴力

妈妈当着孩子的面，残忍地摔打孩子心爱的玩具。那么孩子会在潜移默化中学着妈妈对待自己的方式去对待其他事情。你惹我不开心了，我就拿走你的玩具，让你变得不开心；长大后，我有怨气了，我就可以随意拿别人的东西撒气。所以，别怪孩子暴力，这都是父母不良的榜样带来的后果。

看到这里，你还会随意地破坏孩子的玩具吗？

第八章

好孩子

是夸出来的

"好孩子都是夸出来的"，这句话有一定的道理，但是，夸奖也需要一定的技巧，不是靠一句简单的"你真棒"就能达到预期的效果。孩子长得漂亮，妈妈如果只是一味地夸奖她的美丽，那么很容易让孩子将关注点放在自己先天的优势，而非后天的努力上，显然，这是一种错误的夸奖方式。对于高情商的妈妈而言，"夸奖"是一个需要讲究艺术的本领，面对2~3岁孩子，如何正确运用奖励，物质奖励的比例占多大，孩子最需要的奖励是什么，等等，这些问题都需要高情商的妈妈们认真地思考。

努力寻找孩子身上的闪光点，并且大声地夸奖他

一位教育家曾经说过这样的话："好孩子是夸出来的。"当孩子有点滴进步时，你一定不要忘记夸奖他，这样会让孩子增强自信心，获得心理上的成就感。孩子的健康成长需要家长的赞美和肯定，孩子的成功更需要家长的赞美和肯定。一位高情商的妈妈，一定是一位会"夸"孩子的好妈妈。

古今中外，很多优秀孩子的背后，都有一位会夸奖孩子的"好妈妈"，比如著名科学家爱因斯坦的妈妈，就是我们学习的榜样。

> 众所周知，爱因斯坦是著名科学家、物理学家，但他小时候并不聪明，甚至有些愚笨，3岁时还不会讲话，父母对此很担心，但从没有放弃过他。
>
> 有一天，他的母亲坐在钢琴旁为小爱因斯坦弹奏优美的曲子，她发现小爱因斯坦歪着脑袋，听得非常认真，当时她在想，我的孩子喜欢听钢琴曲，而且那么入神，可见他并不愚笨。于是从此以后，她经常为爱因斯坦弹奏动听的曲子，爱因斯坦渐渐地喜欢上了音乐，甚至还学会了拉小提琴。

如果爱因斯坦的妈妈因为自己的儿子3岁了还不会说话而冷落他、打击他，那么爱因斯坦将会在冷漠的世界中永远沉默下去。然而难能可贵的是，他的妈妈总是那么坚定地相信自己的儿子，并且愿意用心去发掘儿子身上的一切"闪光点"，直至陪伴他一点点地走向成功。我们所有做妈妈的人，都应

该向爱因斯坦的妈妈好好学习，努力去找到孩子身上的闪光点，并且大声地夸奖他。

然而，夸孩子并不是一件容易的事情，它需要妈妈学会一些正确夸赞孩子的技巧，只有适当地夸赞，才能培养出一个自信乐观的孩子来。否则，一旦夸过了头，孩子便容易变得骄傲和自负。

1. 多夸奖孩子的努力，而非优势

对于孩子而言，夸奖他的努力远比夸奖他的聪明、漂亮有意义得多。一味只夸"漂亮""聪明"，会让孩子认为这是他自己的本领而忽视自身的努力，这种夸奖反而会助长孩子的骄傲心理。

2. 夸孩子时，不要贬低别人

妈妈要记住，我们在夸自己的孩子时，千万别贬低别人家的孩子，比如说"我家宝贝真棒，比西西强多了"。这种夸赞方法会让孩子觉得自己是最棒的，今后一旦被别人超越了，内心就会产生强烈的挫败感。正确的夸奖方式，应该是"宝贝真勇敢，摔倒了就自己爬起来了"。让孩子和自己比，才能不断地成长，不断地进步。

3. 夸奖时要基于客观的事实

我们夸奖孩子时，一定要基于客观事实来夸奖，绝不是无中生有地表扬。妈妈要细心观察孩子身上出现的一些细小变化和进步，及时予以表扬，这会让孩子愿意继续朝着更好的方向去努力；孩子遇到问题时，及时肯定他们的能力，鼓励孩子继续努力和尝试；孩子遇到挫折时，帮助他们看到自己的优势，鼓励孩子不要害怕困难。

美国著名思想家爱默生说："有很多天资很好，很有希望成功的人，只因为没有得到及时有力的夸奖和鼓励，最后走向彻底的失败。"这句话很值得妈妈们深思。

每个孩子都是独特的自己

夸奖孩子时，不要拿自己的孩子跟别人家的孩子比；同样地，批评孩子时，也不应该拿他跟别的小朋友比，这对他是不公平的。

每个人生来都是有自尊的，孩子也不例外。作为妈妈，我们也可以换位思考一下，假如你的丈夫拿你和其他女人比较："你看看人家王某的妻子，上得厅堂，下得厨房；你看看人家张某的妻子多么会穿衣打扮；你看看人家蔡某的妻子多么贤惠，你就不能向她学习学习吗……"听到这样的话，你还会喜笑颜开吗？

"己所不欲，勿施于人。"妈妈也应该以同样的道理对待自己的孩子。比来比去，除了打击孩子的自尊心，让他变得更加自卑之外，没有任何好处。

我们一起来看看下面的案例吧。

妈妈带 3 岁的朵朵去公园玩，小朋友都聚在妈妈的身边，这时朵朵妈妈突然用教训的口吻跟朵朵说："你看，人家元宝这么小就会背很多唐诗，画画也很棒，你看你会什么呢？""你看人家佳佳已经会做算术题了，你什么也不会，要向别人学习，知道吗？"……朵朵原本快乐的小脸露出了尴尬的表情，不高兴地冲妈妈撅了撅嘴巴，可是妈妈依然在不停地拿她跟别人家的小孩做比较。

朵朵去早教班时，妈妈看到那些同龄的小宝宝都会自己上

厕所，或者自己单独进教室上舞蹈课，而只有朵朵害怕地黏着
妈妈，一会儿让妈妈陪自己一起上课，一会儿让妈妈带自己去
上厕所，不一会儿，妈妈就烦了，直接斥责朵朵："你看看别
人，都是自己的事情自己做，就你事情多，你就不能给妈妈争口
气吗？"

朵朵妈妈原本想通过比较，激励孩子向别人学习，甚至超越别人，但
是这种教育方式，看似好心，却容易让孩子产生自卑感和挫败感，影响孩子
的自信心。其实，孩子有自己的自我反省能力、认知和评价系统。即使没有
大人拿他们与别人进行比较，他们也会不由自主地拿自己和其他孩子进行比
较，如果这个时候妈妈再拿孩子跟别人进行比较，对他们来讲无异于雪上
加霜。

那么，遇到这种情况，妈妈该怎么做呢？

1. 让孩子自己跟自己比

妈妈应该学着让孩子自己跟自己做比较，这样可以让孩子更加努力，更
加勤奋，不断取得更大的进步。对于妈妈来说，我们应该有一颗乐观知足的
心，只要孩子每一天都在进步，每一天都在成长，那妈妈就应该感到骄傲和
自豪。你的这种骄傲和自豪也会投射到孩子身上，让孩子感受到进步带来的
快乐。

2. 不要拿孩子的短处去跟别人的长处比较

每个孩子都是独立的个体，有自己独特的优势，妈妈不要总是拿自己孩
子的短处与别人家孩子的长处做比较，否则，你会觉得孩子这也不行，那也
不行。你的孩子数数比别的孩子慢，你不应该说："你看人家×××早都能
数到100了，你怎么还不会？"这样的教育方式会让孩子的自尊心受到严重

的伤害。你可以尝试这样说："你都可以数到 20 了，妈妈相信你肯定很快就能数到 100 的，只要你努力就一定能够做到。"这样一来，孩子肯定会加倍努力学习，争取不辜负妈妈对自己的信任。

3. 努力接受孩子偶尔的懈怠

人不可能永远保持进步的状态，孩子更是如此，否则的话，再坚强的人也会有崩溃的一天。因此，我们要适当允许孩子偶尔懈怠一下。妈妈要明白，没有一个孩子能够从小到大永远在进步，成绩永远在往上走；也应该明白，人生是一个长期的螺旋式上升的过程，只要最终的方向是朝上走的，那么你的孩子就是优秀的孩子。孩子偶尔的懈怠，其实是一种调节和休整，是在集聚力量，是为了飞向更远的地方。

对于 2~3 岁孩子要正确运用物质奖励

美国一位著名教育家说："在教育孩子的事情上，除了鼓励我不知道还有什么方法。"物质奖励有强化行为的作用，孩子的某种行为得到了奖励，那么这种行为就得到了强化，他以后会做出更多同样的行为来。举个简单的例子，孩子在家门口，礼貌地向门口的爷爷奶奶问好了，回家之后，你奖励了孩子一块水果糖，觉得他很有礼貌，孩子得到糖之后，会意识到这种行为会给自己带来夸奖和糖果，就会愿意对更多的人报以礼貌的问候。

然而，物质奖励是一把双刃剑，妈妈一定要正确运用物质奖励来激励孩子变得更完美，而不是让他变得功利。

我们先来看看下面这个小故事吧。

一位退休老人来到乡下休养，村里有几个顽皮的孩子对这位不速之客有些排斥，他们每天都向这位老人所住的院子里扔泥巴。老人想了很多办法来阻止他们，都不奏效。后来老人想出了一个妙计，于是他将孩子们召集到一起，对他们说："你们向我住的院子里扔泥巴，我感到很有趣，希望你们每天如此，为此我愿意给你们每人1块钱作为回报。"这番话让孩子们感到非常意外，但他们还是将信将疑地接受了这条协议。于是，孩子们每天都在约定的时间里向老人的院子里扔泥巴，老人也兑现了自己的承诺，每天付给他们每人1块钱。

过了几天，老人又把孩子们召集起来，对他们说："孩子们，最近我经济上出现了一些困难，每天只能给你们每人5毛钱了，真是很抱歉。"听到这话，孩子们有些不乐意，但还是接受了老人的条件。又过了几天，老人又对孩子们说："最近我的经济状况糟糕透了，没有钱付给你们了。"孩子们交换了一下眼神，纷纷嘀咕着："不给钱谁还愿意干这种苦差事。"就这样，孩子们再也不来扔泥巴了。

这个故事反向告诉我们，有的时候，"物质奖励"运用不当，有可能会让孩子变得很功利。刚开始的时候，孩子们扔泥巴完全是因为觉得新奇、好玩、有趣。可是，从老人给他们第一笔钱开始，这些孩子扔泥巴就不再是兴趣所致，而是为了获得物质奖励。当物质奖励变得越来越少甚至消失的时候，扔泥巴的行为就失去了激励作用。

我们教育孩子也是如此，物质奖励如果运用得过于频繁的话，但凡有一天你由于某种原因没有给孩子物质奖励，孩子立即就会失去学习的兴趣，因为他觉得他的学习跟你的物质奖励是对等的，他都得不到物质奖励，那么为什么还要好好学习呢？所以，唯有让孩子在内心觉得那是一件有意思的事情，他才能够坚持到底。

在对孩子进行物质奖励时，妈妈一定要注意以下几点：

1. 答应孩子的物质奖励一定要及时兑现

如果和孩子有了约定，例如孩子做到了礼貌待人的话，妈妈会答应给他买一件玩具。孩子如果达到了约定的要求，妈妈就应当给孩子买一件玩具，要是妈妈不兑现自己的承诺，就会严重破坏孩子对你的信任。因此，妈妈在向孩子许诺之前一定要三思，不能言而无信，如果承诺实在兑现不了，也应及时向孩子解释，给孩子道歉，并做出自我批评，让孩子从内心理解和原谅自己，事后还应设法兑现自己的承诺。否则，下次无论你再怎么激励孩子，孩子都不愿意听你的话。

2. 请别将物质奖励当作一场交易

不要给孩子太多的物质奖励，以免孩子将物质奖励当成交换条件，正确的奖励方式应该是语言、行为和情感上的肯定与鼓励。

> 妈妈对女儿说："宝贝儿，你帮妈妈取个毛巾，妈妈给你一颗大白兔奶糖好不好？"女儿高兴地答应了，妈妈觉得，这种物质奖励的办法真不错。有一次，妈妈打扫卫生的时候不小心在客厅滑到了，脚下沾了不少的水，她冲着女儿大喊："宝贝儿，帮妈妈拿一些纸巾好不好？"没想到女儿一本正经地大声说："那你晚上给不给我糖果吃？"

由此可以看出，给孩子物质奖励不应当是一场交易，而是"你这样的行为，让我们都以你为荣"的行动表示！如果妈妈一味地"平等交易"，就别怪孩子变得那么功利。

3. 物质奖励和精神奖励要合理搭配

物质奖励是一种很省事的奖励方法，孩子表现好了，给他一百块钱或者送他一件礼物，对于妈妈而言，这不是难事。然而，这样的做法容易让孩子养成物质、功利的不良习惯，所以在教育孩子方面，精神奖励和物质奖励一定要双管齐下，甚至，精神奖励要比物质奖励更多才对。孩子表现得很好，妈妈可以多夸奖一下孩子，或者给予孩子一些光荣称号等。比如，孩子表现勇敢的时候，可以夸奖孩子"你真是我们的小英雄"，等等。

总之，物质奖励是一把锋利的双刃剑，高情商的妈妈会游刃有余地将它运用到最佳的程度，而低情商的妈妈则有可能用它做伤害自己和孩子的事情，所以一定要正确运用物质奖励。

爱顶嘴的孩子，可能具有更优秀的潜质

有一句很有哲理的话是这样说的："小孩是小写的人，不是大写的宠物。"孩子再小，他也是一个拥有独立思想和人格的人，而不是因为年龄小就得做一个凡事要听妈妈话的乖宝宝。

"两三岁的孩子，竟然会跟大人顶嘴！"这是让很多 2~3 岁孩子的妈妈感到困惑的问题。其实，面对孩子"顶嘴"的问题，妈妈大可不必忧心忡忡，也许等你真正了解了孩子的心智发展规律之后，就会对孩子的"顶嘴问题"释然了。

从心理学的角度来看，孩子到了 2~3 岁的时候，随着社交范围扩大，知识面增加，他们的内心世界更加丰富，对事物也有了自己独立的见解，极易对父母产生"逆反心理"，这个年龄段的孩子，有了一定的独立意识，于是会出现与父母顶嘴的现象。遇到这种情况妈妈大可不必担心，要知道这是孩子心智发展过程中的一个阶段，说明他的自我意识正在得到发展，同时，妈妈还应该冷静地分析一下孩子"顶嘴"背后的真实原因，切不可采取一刀切的办法"堵"住孩子的嘴。

其实，孩子顶嘴，可能有自己特殊的原因，比如，孩子可能是在潜意识中想要证明自己在成长。妈妈让他吃饭，他说"我不！"妈妈让他睡觉，他说"我不！"妈妈让他洗脸，他说"我不！"，等等。当孩子不想吃饭、不想睡觉、不想洗脸时，妈妈强制让他做这些事情的话，孩子就会顶嘴，开始哭闹。这时候，妈妈首先要问问孩子为什么不想吃饭、不想睡觉、不想洗脸，然后再对症解决问题。又如，孩子顶嘴可能是你对他缺乏关注，2~3岁的孩子最渴望得到妈妈的陪伴，如果妈妈一时忙于其他事情，忽略了孩子，孩子也会顶嘴，违抗你的命令。

如果妈妈们了解了孩子的心声，在孩子顶撞你时，你就不会那么生气了，也许孩子也有自己的诉求和苦衷。妈妈应该问问自己："孩子怎么了，他是怎么想的？"当你明白了孩子的意图后，你就会理解为什么突然之间孩子变得那么叛逆。其实，从另外一个角度讲，爱顶嘴的孩子或许更具有成功的潜质。我们来看看以下几点：

1. 爱顶嘴的孩子喜欢独立思考

爱顶嘴的孩子往往都很爱思考，因为为了反驳你，他要找很多合理的理由。这时候，妈妈要听听他的想法和考虑问题的角度，不要在孩子面前乱发脾气。如果孩子想得对，就要听孩子的，接受孩子的想法并不是一件丢脸的事情。

2. 爱顶嘴的孩子有勇气

如果孩子拒绝逆来顺受，畏首畏尾，这是很好的品质，起码说明他很勇敢啊！但是赞扬孩子勇敢，不是要接受孩子粗鲁的言行举止，而是要告诉孩子，真正辩驳的勇气是有理有据地和妈妈讲道理，而非大吵大闹。

3. 爱顶嘴的孩子自理能力更强

爱顶嘴的孩子往往生活能力也很强，他知道自己想要的生活是什么样子的，很愿意亲自动手去改变，比如，他觉得吃饭应该是自己的事情，就会学着自己拿勺子往嘴里喂饭。喜欢顺从父母的孩子，有可能还在乖乖地张嘴等着妈妈来喂自己呢。

4. 爱顶嘴的孩子创新能力强

爱顶嘴的孩子一般具有比较发达的逆向思维和多向思维能力，他们看问题会从多个角度去考虑，他们不喜欢妈妈给出的固定答案，喜欢自己去探索新的解决方案。

孩子顶嘴背后有这么多的优秀潜质，妈妈千万别一棍子把孩子的这些潜质全部打掉，要知道，他只是在向着独立的道路坚定地迈进而已。

最有效的鼓励方法就是给孩子最积极的回应

对于妈妈而言，能够积极回应来自孩子的话题，是一件充满挑战和乐趣的幸福事。而对于孩子而言，能够得到妈妈的积极回应，也是获得自信心的最好方式之一。

孩子 2~3 岁时，会有特别多的问题。"这是什么？""为什么会那样？"……这些提问意味着孩子的好奇心和学习欲望正在增长，妈妈如果能很好地把握孩子爱提问的这一时期，积极地给孩子一些回应，将有助于培养孩子的好奇心和思考能力。

对于高情商的妈妈而言，在回应孩子时，并不会原原本本地把答案直接告诉孩子，而是会引导孩子和自己一起寻找答案。在这个过程中，孩子的思考能力得到了进一步的提升。如果妈妈习惯用僵硬的口吻回答孩子的问题，那么孩子慢慢地也就不太愿意向你提问了。

我们一起来看下面的案例吧：

> 3 岁的墨墨正在观察鱼缸里游来游去的小鱼，过了一会儿，他欢快地跑过来问妈妈："妈妈，小鱼为什么喜欢在水里？"妈妈当时正在做饭，于是头也不抬地回答了一句："很简单，小鱼离开了水就会死的。"
>
> 可是 3 岁的墨墨偏偏有一种打破砂锅问到底的精神，他接着问妈妈："妈妈，为什么小鱼离开水会死呢？"妈妈这时有点不耐烦了，便敷衍道："没有为什么，它就是会死的！"
>
> 墨墨本来还想问一下妈妈："为什么乌龟离开水就不会死？"结果抬头看到妈妈不耐烦的眼神，便吓得再也不敢开口了。

孩子有问题，恰恰说明了孩子乐于思考，他所提出的问题往往是他的新发现。这个案例中的墨墨能够提出"小鱼为什么喜欢在水里"这样的问题，说明他有敏锐的观察力和活跃的思维能力。可惜的是，他的妈妈不仅没有给予积极的回应，反而以粗暴、不耐烦的态度打击了孩子的积极性。

作为妈妈，任何时候，都要对孩子的问题予以热情的回应，哪怕孩子的问题非常可笑，你也不能表现出轻视他的态度来，否则就会严重挫伤孩子的思考积极性。

具体而言，积极回应孩子的问题，对孩子的成长有哪些意义呢？

1. 积极的回应会给孩子带来不一样的人生

你给予孩子的回应方式，实际上影响着孩子的性格特征，当你积极地回应孩子时，孩子也会通过你的言行，学会积极地回应别人的问题。

文章《千万别做"负能量"妈妈！》中讲到这样一个案例。

公园里有两个小孩在兴致勃勃地捡树叶。一个小孩捡满一把树叶，跑向妈妈，兴奋地对妈妈喊："妈妈，你看！"他妈妈把视线恋恋不舍地从手机上移开，然后大声呵斥孩子说："快扔掉，你看你把手弄得多脏啊！"而另一个孩子也拿着几片树叶给妈妈看，妈妈欣喜地拿过来说："谢谢宝宝，妈妈好开心，哇，这片树叶有点像乔治的恐龙哦！"然后母子俩有说有笑地聊起来。

孩子如果有一位高情商的妈妈，哪怕面对的是一片干枯的落叶，孩子也有能力把它想象成童话世界，这就是积极回应的神奇力量。

2. 积极的回应会带领孩子不断地向未知的领域探索

2~3岁的孩子，天生有一种学习的力量，他们试图以无穷无尽的问题，向未知领域做出不断的探索。这样一种向未知领域的探索，转换到现实生活中即为各种各样奇怪的问题，比如，他会问："为什么我是从妈妈的肚子里出来的？"早上起床，他看不到太阳就问："太阳公公为什么不见了呢？"这些问题表明他正在不断地向未知领域进行探索。因此，妈妈一定要保护好孩子对于未知世界的探索欲望，陪着他一起尝试寻求这些问题的答案，哪怕妈妈现有的能力并不能给出孩子完美的答案，但是陪伴孩子探索的态度也能带领孩子向未来走得更远、更坚定。

3. 积极的回应会使孩子的生活经验变得更丰富

美国教育家杜威说："教育即经验的不断重组，孩子通过不断地提问题，将各个具体成分和复合物连接起来的特征扩散，形成直观到具体的形象或者物品连接的复合体，它们所连接的联系的广泛多样是惊人的。"提问也是孩子思维变化的一个很好的见证，提问的水平与孩子的自身经验，认识的广度、深度，思维的灵活性以及学习的兴趣呈正相关，孩子提的问题越深奥，说明孩子的经验积累越丰富。当孩子有一天问出"妈妈，天王星是怎么发现的"时，那说明你的孩子已经积累了不少的天文学知识了！

总之，妈妈不但不能忽视孩子提出的问题，还应该鼓励孩子提问，并认真地回答孩子提出的各种问题。

多为孩子创造多样化的社交环境和体验的机会

2~3岁的孩子需不需要社交呢？说到这里，有人会说，这么小的孩子懂社交吗？不是说太小的孩子都是各玩各的吗？是的，表面上看，这个阶段的孩子充其量也就是凑在一起玩闹而已，但是妈妈们却不能小看了这种玩闹形式，孩子正是在这种初级的玩闹过程中渐渐学会了与他人的交流和沟通。

除了日常的玩闹之外，妈妈还应该创造多样化的社交环境和体验的机会，来扩充孩子的交往圈。孩子具有很强的模仿能力，表面上看孩子并不懂得社交，但当他们被父母的社交生活包围时，父母的社交行为就会不知不觉地被孩子习得。从这一角度而言，孩子的社交环境其实与父母的社交环境是高度重合在一起的，当我们希望孩子的社交能力提升时，我们首先要让自己的社交生活丰富起来。经过长期观察，你会发现，凡是父母社交能力强的，孩子一般也会喜欢社交；父母社交能力弱的，孩子的社交范围也往往会受到限制。尤其是对于一些性格内向、不擅长交际的孩子，妈妈更应当为孩子多提供一些社交机会。

下面是网络论坛上一位妈妈讲述的关于自己性格内向的 3 岁女儿的故事。

> 我的社交圈子并不广泛，也很少带孩子外出。孩子从小性格就比较内向，不怎么和别的小朋友玩，虽然她从心底愿意和别人玩，但是由于不敢开口，所以总是很难融入小伙伴的圈子里。有一次，我带她去小区里的儿童乐园滑滑梯，她和我说："妈妈，我想和那个姐姐玩。"我就说："那你去和她玩啊。"她说："我不敢。"我鼓励她去，后来她就去了，但去了也是站在别人旁边，只是小声说了一句"咱们一起玩吧"，并不会主动参与进去。
>
> 女儿 3 岁去了幼儿园之后，我能想象得到，她在幼儿园也是默默地坐在角落里看着别人一起玩，一定特别寂寞。有时候我会问她："你在幼儿园干什么了？"她就说："我什么也没干。"根据她的性格，我猜测肯定没人跟她玩，她只能特别难过地待在一个角落想妈妈。想到这样的场景，我心里就很难受。当然，根源可能在我身上，我应该想办法多给孩子提供一些社交机会。

案例中的孩子正是由于缺少了许多正常的社交机会，才会变得胆小、怯懦，不懂得如何与别人交往，害怕接触新鲜的人或事物，慢慢地就造成了社交困难。如果妈妈不及时对孩子加以引导，这种情况恐怕会形成恶性循环，导致孩子长大后产生严重的社交障碍。

要想让孩子变得乐观、开朗、积极向上，妈妈应该尽可能地带领孩子走出现有的交际圈子，让孩子尝试与不同的人交流和沟通。那么，妈妈又该如何帮助孩子克服社交障碍，扩大社交圈呢？

1. 妈妈应该多带孩子参加社交活动

现在社会上有很多早教机构，都是家长们带着孩子一起到教室里参加某项活动，其实学习知识只是其中一个目的，让孩子在学习过程中获得更多的社交机会也很重要。

这一点，我们应该向德国学习。从孩子半岁起开始，德国社区就会提供一种叫"Krabbelgruppe（游戏小组）"的亲子活动，每周一次在固定的地方举行。由一个专业老师带领，妈妈或爸爸带着孩子参加。老师会组织唱歌、手指游戏和小运动游戏，等等，也会讲一些与宝宝发育相关的知识，解答妈妈们的各种疑问。但最重要的是，这个"每周一见"活动让孩子找到了同龄人的圈子，宝宝们可以在活动中一起玩耍，妈妈们则可以在一起交流育儿经，尽情抒发育儿心得。一次活动下来，宝宝和妈妈都得到了很好的释放。

2. 妈妈尽量不要呵斥孩子

有些孩子害怕见生人，害怕参与集体活动，不敢与陌生人说话、交往。导致孩子出现这种问题的原因有很多方面，但有一个比较大的可能性就是，孩子可能在某次社交情境中有过不愉快的经历。比如孩子在社交活动中受到了父母或者他人的呵斥，对集体活动产生了一定的恐惧心理。这提醒我们每一位妈妈，要给予孩子一定的社交空间，让孩子在社交活动中得到交往的经验，如果孩子在交往过程中有不恰当的行为，妈妈尽量先不要打断孩子的正常玩耍，等孩子愉快地结束游戏之后，再寻找合适的机会指出孩子身上的问题。

3. 鼓励孩子自己解决社交问题

孩子在社交活动中，因为缺乏经验，总会出现各种各样的问题，这种情况下，孩子会表现得情绪低落或者是恐惧，此时，妈妈先不要急于帮助孩子解决困难，而应该放手让孩子自己去尝试解决各种困难。比如孩子跑过来跟你说："妈妈，我想跟那个姐姐一起玩。"你可以这样回答孩子："可以啊，你去问问姐姐可以吗？"孩子在刚开始的时候，一定会提出要妈妈陪着她一起去，你不妨陪她一两次，等她有了一定的勇气和经验后，就放手让孩子自己去面对或解决。这种鼓励孩子社交的方式，会让孩子在人际交往中变得越来越熟练，越来越勇敢，再也不会对社交心生恐惧。

总之，作为妈妈，我们要带领孩子走向更广阔的天地，而非紧紧地把他拥在自己的怀抱中，让他用怯怯的眼神去看待周围的世界。

对自卑的孩子说："你一定行"

自卑感就是一种在和别人比较时，由于低估自己而产生的一种情绪体验。也可能是在与自己的理想标准对比中，所感受到的"无法实现"或"能力不足"的感受。如果这种比较来自于妈妈的刻意提醒，那么很容易让孩子变得自卑，觉得自己事事都不如别人。

在中国，有一种说法叫作"别人家的孩子"，很多妈妈都想拿自己的孩子跟朋友家的孩子比、跟亲戚家的孩子比，甚至跟陌生的孩子比，总是羡慕别人家的孩子多么乖巧，多么懂事，总是觉得自己的孩子不够完美。这是一种典型的比较心理，妈妈把自己理想中的对于孩子的要求强加给了孩子，认为孩子与别人相比，总是有欠缺的地方，于是不停地督促孩子向别人家的孩子学习。殊不知，自家孩子的某种优点，正被别的家长羡慕呢！所以说，有的时候，完美孩子拥有的只是一个知足的妈妈。

网上有这样一个例子。

一位妈妈带两岁半的儿子去早教班上课，看到有个小朋友礼貌地跟门卫爷爷说"再见"，门卫爷爷很高兴地夸赞孩子的妈妈教子有方。当听到门卫夸奖别人家的孩子时，这位妈妈借机对儿子说："我好羡慕那位妈妈有门卫爷爷夸奖，要是门卫爷爷下次也能夸奖我就好了。妈妈多么希望你能像那个小朋友一样主动与人打招呼啊！"

第二天，这个孩子走到学校门口的时候，看到别的小朋友都在热情地跟卫门爷爷打招呼，他也很想走过去跟爷爷打声招呼，好让自己的妈妈也得到门卫爷爷的夸奖，但他犹豫再三，还是不好意思走过去。就在这时，妈妈来到了他的身边，鼓励他说："没关系，你声音小一点也没关系的。"听完妈妈的鼓励，孩子终于鼓起勇气，走到门卫爷爷面前，小声地打了一声招呼。妈妈看到儿子的表现，立即很开心地表扬儿子，门卫爷爷见到这个情形也跟着妈妈一起夸奖了孩子几句。那一天，孩子的心情非常好，从此之后，他的胆子变大了不少，每次进出小区门口，他都会热情地跟门卫爷爷打招呼，而且在妈妈的鼓励下，他变得越来越自信。

高情商的妈妈面对孩子不好的表现时，一定不会在孩子幼小的心灵上再撒一把盐，拿别人家的孩子来打击他、讽刺他，这样的做法，只会让孩子变得更加自卑。高情商的妈妈哪怕面对再糟糕的孩子，也会笑着鼓励他说："孩子，妈妈相信你愿意好好努力的。从今天起，妈妈愿意陪你一起进步，好吗？"孩子听到这样的鼓励，肯定会更加努力。

所以，在面对孩子的自卑问题时，妈妈不妨这样说：

1. 孩子，失败并不可怕

孩子在生活中难免会遇到失败和挫折，而失败的阴影是产生自卑的温床。

所以，妈妈一定要时刻告诉孩子，失败并不可怕，可怕的是在失败面前一蹶不振，必要的时候，妈妈可以帮助孩子及时驱逐失败的阴影，让孩子意识到失败并不是一件可怕的事情，唯有走出困境，才更有利于克服自卑、保持自信。

有一位妈妈，她的孩子在 3 岁的时候学习用彩泥做手工，刚开始的时候，他连简单的圆球都不会捏，很是懊恼，但是妈妈告诉他："一次不会，两次不会，但只要你不放弃，妈妈相信你肯定能捏出一个标准的圆球来。"后来，孩子在妈妈的鼓励下，不仅学会了捏圆球，还能捏出很多复杂的作品。

所以，妈妈要鼓励孩子勇敢地向困难进发，相信这样做之后，一定会取得效果。

2. 孩子，你就做好你自己吧

告诉孩子：世界上没有同样的两片叶子，海洋里也没有一模一样的鱼儿，在妈妈的心里，你就是独一无二的宝贝，勇敢地做你自己吧。

作为妈妈，我们希望自己的孩子能够很好地融入集体，同时我们也希望孩子有自己独一无二的特点。所以我们要这样告诉孩子：我们不需要你跟所有的小朋友表现得一模一样，当别的小朋友拿着彩笔一笔一划地画画时，如果妈妈发现你在天马行空地大胆创作，我会欣喜不已地为你喝彩，因为在妈妈的眼里，你是如此的特别。

3. 孩子，大胆地说出你的想法吧

在生活中，妈妈要多鼓励孩子说出心里的想法。如果妈妈总是以家长的身份来压制孩子，不允许孩子表达自己的意见，这样一来，孩子就会慢慢变得沉默寡言、缺少主见。实际上，孩子在表达想法的过程中，他的思路会更加清晰。相反，如果环境压抑了孩子的表达欲，那么孩子的身心健康就会受到严重影响，进而导致孩子的人格得不到完善的发展。

妈妈要坚信，每个孩子都是独特的自我，要让孩子努力寻找到自己的长处，走出属于自己的人生之路。

鼓励孩子的 4 个注意事项

苏霍姆林斯基说："儿童的心灵是敏感的，它是为着接受一切好的东西而敞开的。如果教师诱导儿童学习好榜样，鼓励仿效一切好的行为，那么，儿童身上的所有缺点就会没有痛苦和创伤地、不觉得难受地逐渐消失。"

苏霍姆林斯基对于"鼓励"的重要作用讲得很明白，鼓励可以引导孩子向好的方向不断迈进，也可以让孩子轻松地改掉自己身上的毛病。

那么，鼓励的作用究竟有多大呢？我们来看看下面的故事吧。

美国通用电气公司的前首席执行官杰克·韦尔奇小时候是个口吃的孩子，他的妈妈却没有因此而觉得自卑，相反，她骄傲地告诉孩子，那是因为你的大脑反应太快了，所以才会显得你的嘴巴比较慢而已。

邓亚萍非常喜欢打乒乓球，但大家却觉得她身材矮小，并不适合打乒乓球。只有她的妈妈鼓励她坚持下去，并且毫不吝啬地夸赞女儿："你真的非常优秀。"

爱迪生小时候，想要尝试用屁股孵出鸡蛋，妈妈知道后，不仅没有嘲笑他，还温柔地告诉他："你的体温没有母鸡体温高，所以很难孵出小鸡。"尽管爱迪生最终没有孵出小鸡，但他敢于尝试的精神，却得到了妈妈的鼓励和赞扬。

古今中外，有数不清的关于孩子在妈妈的鼓励下成功的事例，看了上面的几个事例，妈妈们有没有备受鼓舞？即使再糟糕的孩子，在妈妈的鼓励下，都能给你一份意想不到的惊喜。然而，鼓励并不是张开嘴巴，对着孩子说一句"你真棒"就完事了，它需要妈妈具备很高的情商，能够将鼓励变成一种美妙的赞扬艺术。

具体来看看下面几点：

1. 鼓励孩子时，态度一定要诚恳

"你好棒""你好聪明"……妈妈在称誉孩子的时候大都喜欢用这类比较抽象的词语，这虽然也能起到鼓励的作用，却容易让孩子对所做的事情认识比较模糊，不能具体地了解自己的哪些行为是真的对、真的好。如果妈妈把夸赞改为"你都学会自己吃饭了，真棒！""你都懂得帮妈妈扔垃圾了，真懂事！"之类的话，那么孩子就会对正确的行为有一个清晰的认识，下次再碰到类似的事情，他就会很快地采取正确的应对办法。

2. 鼓励孩子时，要侧重对态度的鼓励

我们在鼓励孩子时，不要太在乎孩子做事的结果，而应该偏向于对孩子态度的鼓励。不管孩子做的事情是不是真的帮助到了你，不管是不是成功，哪怕他真的搞砸了，妈妈也应该首先夸赞一下他认真做事的态度，等孩子感受到了妈妈的认可之后，再寻找合适的时机跟孩子探讨更好的解决办法。

3. 鼓励孩子时，妈妈一定要及时

如果事情过去很久才去表扬，就失去了鼓励的意义。所以，每当孩子做出了值得表扬的事情，妈妈都应该在第一时间送出自己的鼓励。而且，对于孩子突出的表现，妈妈一定要多次、反复地赞美孩子，这一方面会让孩子觉得自豪，另一方面也会强化他对此类事情的认知，从而暗示自己在以后做出更好、更多的事情来。

总之，千万别小看了鼓励的神奇作用。也许只是妈妈不经意的一句话，但对于年幼的孩子来说却是莫大的肯定与鼓励，这句话会让孩子张开双臂，大胆地往前飞奔。请记住，有时候改变孩子一生的并不是良好的机遇，而仅仅是妈妈的一句鼓励！

第九章

接纳孩子，
是对孩子最有效的管教

　　每个来到我们身边的孩子都是可爱的小天使，尽管这些小天使身上都带着这样或那样的不完美，但是我们要做的事情仍然是努力地接纳他们的不完美，然后尽可能地引导他们变得更加完美。努力地去爱孩子的一切，而不是按照自己想象中的样子去贬低他、苛责他、要求他，要知道，你的期望越大，越有可能失望。也许妈妈们会说，孩子身上明明有很多问题，比如他不够努力，脾气也不好，除了接纳，我们还能做些什么？别着急，我们一起来看看本章的内容吧。

世界上没有完美的孩子

泰戈尔的《新月集》中有一篇叫作《孩子天使》的哲理诗，在这首诗中，诗人泰戈尔通过孩子与成人两个世界的对照艺术地揭示了人生哲理。

他们喧哗争斗，他们怀疑失望，他们辩论而没有结果。

我的孩子，让你的生命到他们当中去，如一线镇定而纯洁之光，使他们愉悦而沉默。

他们的贪心和妒忌是残忍的；他们的话，好像暗藏的刀刃，渴欲饮血。

我的孩子，去，去站在他们愤懑的心中，把你的和善的目光落在他们上面，好像那傍晚的宽宏大量的和平，覆盖着日间的骚扰一样。

我的孩子，让他们望着你的脸，因此能够知道一切事物的意义；让他们爱你，因此使他们也能相爱。

来，坐在"无垠"的胸膛上，我的孩子。在朝阳出来时，开放而且抬起你的心，像一朵盛开的花；在夕阳落下时，低下你的头，默默地做完这一天的礼拜。

在这首散文诗中，泰戈尔把对童真的珍惜和尊重，表达得十分充分。在有些人看来，孩子只是成人身边的附属品，但在泰戈尔的眼里，孩子就像天使一般，给人们带来光明、友谊和温情，在孩子纤细的身躯里含着伟大的灵魂，和他们说话不必思索，态度也不必矜持。

孩子来到这个美好而又复杂的世界，像一张洁白无瑕的白纸一样，未来充满了无数的可能性。长大后，有的孩子成为了雷厉风行的律师，有的孩子成为了才华横溢的作家，还有的孩子终于完成了儿时的心愿，成为了梦想已久的画家，画尽了精彩纷呈的世界。但是，你可知道，这些小天使刚来到我们身边的时候，并不是如此完美，比如他爱撒娇哭鼻子，他倔强不听话，他淘气起来简直像个小恶魔……但这依然不妨碍他们是我们心底里不完美的小天使。

父母付出了很多心血和努力，耐心地呵护与教导，才让孩子保有天使的美好本性，变成了优秀的人才。著名童话作家郑渊洁说过："每个孩子都是天使，关键在于我们怎样培养、教育他们。"正确的教育方式是发现孩子的长处，鼓励他"能行"。高情商的妈妈，有可能会把一个不完美的小孩变成天使，而低情商的妈妈，则有可能会把一个不完美的小孩变成"小魔鬼"。因此，想要孩子拥有什么样的未来，那就做什么样的妈妈吧。

　　德国著名数学家、物理学家、天文学家高斯，出身于一个贫穷的家庭。他的母亲是一个贫穷石匠的女儿，从没有接受过正规教育。不过，高斯妈妈却对儿子的所有爱好都鼎力支持。

　　高斯从小就对一切现象和事物十分好奇，而且喜欢弄个水落石出，这已经超出了一个孩子能被许可的范围。当高斯爸爸为此训斥高斯时，妈妈总是站在高斯的一边，尊重孩子的一切兴趣，鼓励孩子去学习探索，希望他将来能够有所成就。

　　3岁那年，有一天高斯站在一旁观看父亲算账，父亲算出了钱数准备写下时，高斯却说："爸爸，你算错了……"经过复算后，爸爸发现高斯的答案是正确的。

　　长大后的高斯，用一生的时间全身心地投入到数学研究中，科学成果颇丰，共发表理论著作300多篇，提出400多条科学创见，在超几何级数、复变函数、椭圆函数、统计函数理论上都有重大突破，是与阿基米德、牛顿、欧拉相提并论的佼佼者。

在高斯的成长历程中，他的妈妈无疑扮演了非常重要的角色，她支持高斯的一切爱好，支持高斯去探索未知现象和事物的答案，最终成就了一位伟大的数学家。如果高斯没有这样一位支持他学习的妈妈，他很可能会遵照父亲的愿望，成为一个杂货铺的账房先生，或者是水泥工。

因此，作为妈妈，我们应该支持孩子的各种想法和爱好，鼓励孩子去积极探索问题的答案，为他展示一个具有无限可能的广博世界。

在别人的眼里，你的孩子可能是不完美的孩子，画画画得一团糟，写字写得歪歪扭扭，跟别的小孩格格不入，但这并不妨碍他是一个可爱的天使，前提是你得接受他所有的不完美，并且坚信他能够把自己的不完美活得精彩纷呈。别忘了，我们曾经也是一个不太完美的小天使。

请适当降低对孩子的要求

现在有很多焦虑的妈妈，喜欢拿"别人家"的孩子跟自己的孩子做比较：谁家的孩子数学学得快，谁家的孩子英语说得好，谁家的孩子懂事听话又聪明……说来说去，目的只有一个，那就是想使用激将法刺激自己的孩子赶超别人，从而变得更优秀，但往往事与愿违。

中国有一句俗话叫作"期望越高，失望也就越大"，有的时候，给予孩子过高的期望，反而会使孩子压力倍增，甚至产生逆反心理。

与其打击孩子的上进心，伤害孩子的自尊心，倒不如降低对孩子的要求，收获惊喜总比收获伤心要好得多。下面这个案例中的妈妈，由于对孩子的学习期望过高，结果压抑了孩子正常的天性发展。

　　玲玲两岁半时，就认识一些汉字，会说一些英语单词，现在刚满 3 岁，就会背唐诗、讲故事了。周末，妈妈又给她报名参加了绘画、音乐等早教班，在才艺方面谁见了都会说："这孩子真聪明啊！"可早教班的老师却发现了一个问题：玲玲与人交往的能力特别差，见了长辈不知道问好；看到陌生人，就害怕地藏到家长身后；平时也不和小朋友一起玩；做游戏时，特别小心翼翼，生怕表现得不好。

　　据了解，玲玲从小就和妈妈待在家里，很少出去玩，多数时间在家看图识字、学英语，这样的学习几乎占去了她所有的玩耍时间。妈妈剥夺了她与同伴游戏的权利，久而久之，玲玲在人际交往方面就产生了心理障碍。

　　案例中的玲玲妈妈只注重孩子的早教，并且在大家的赞扬声中愈行愈远，大人博得了面子，心理上得到了满足，却忽视了孩子健全人格和良好心理品质的培养。这个负面案例告诉我们所有的妈妈，别给孩子制定那么高的要求，试着放低一点儿要求。没准儿等你放低了自己的要求之后，反而会看到孩子给予你的巨大惊喜。

　　如果你是一个过度焦虑的妈妈，总是喜欢给孩子定一个比较高的目标，那么你应该找些办法来调试自己，否则这种焦虑心理会同时伤害到自己和孩子。

1. "投射" 心理要不得

　　投射，在心理学上是指个体将自己的思想、态度、愿望、情绪、性格等个性心理特征，不自觉地反映在外界事物或者他人身上的一种心理作用。很多妈妈正是通过投射机制把自己的各种心理投射给了孩子。比如，"要面子"

是把竞争和压力投射给孩子，希望孩子能够变得优秀，实现自己所达不到的人生高度；追求完美是个性和童年经验的投射，希望把自己未能实现的理想通通强加到孩子身上，希望孩子能够替代自己满足小时候的心愿；担忧是恐惧和焦虑的投射，妈妈觉得不好好学习，孩子将来就得跟自己一样辛苦工作来求生存，所以就把这种担忧转移到孩子身上，希望孩子能够通过刻苦学习改变自己的命运。

2. 提出跟孩子能力相匹配的要求

孩子之间有很大的个体差异。要知道，每个孩子都有他的闪光点，有他的优势，妈妈要正确地评估孩子，了解孩子的个性特点、学习方式、生活习惯。比如有的孩子聪明好学，天生就是学习的好苗子；而有的孩子运动能力突出，喜欢运动，天生就有当运动员的潜力。因此，妈妈要学会客观地评判孩子的优点和缺点，从实际情况出发来给孩子制订合理的学习计划，而不是感性地去制订让自己满意的学习目标。只有提出跟孩子自身的能力相匹配的合理要求，才能让孩子健康发展。

3. 别把孩子当作自己生活的中心

有的妈妈说，我为了孩子牺牲了自己一切的业余爱好，每天围着孩子转，其实这样的妈妈是没有自我的妈妈，很容易因此得不偿失。所以妈妈一定不能因为孩子放弃自己该有的生活，要想办法充实和丰富自己的精神生活，比如，职场妈妈可以努力在工作中找到自己的职业价值；全职妈妈可以学习瑜伽、插画、烹饪等提升自己的素养、爱好，学会把生活过得浪漫而精彩。只有这样的妈妈才能活出自信，活出精彩，无形中也可以引导孩子走向积极乐观、健康向上的人生之旅。

"凡事欲速则不达"，孩子的成长是一个自然而然的过程，妈妈们要学会耐心地等待，等待孩子蜕变成那个阳光、自信的大孩子。

合理地看待孩子的问题，不要去放大

人无完人，每个人或多或少都有一些缺点，孩子更是如此。

有些妈妈往往会在孩子的一个小缺点上浮想联翩，大做文章，把小缺点看得过于严重。比如，孩子无意间撒了一个谎，妈妈立即就不分青红皂白地批评孩子一通，认为撒谎是一件非常严重的事情。还有的妈妈，因为孩子犯了一个小错，而担心孩子会养成各种不好的习惯，对孩子非打即骂。其实妈妈大可不必这样紧张，世界上本来就没有完美的孩子，妈妈们应该保持一颗平常心。

2~3岁的孩子，他们的心理活动和行为更多是无意识性的。这个阶段的孩子主要受外界事物和自己的情绪所支配，而不是受理智支配。比如，在注意力方面，他们容易被一些色彩鲜明和形象生动的物体所吸引，而不会去注意一些他所不感兴趣的事情。这个时候，妈妈即使在他耳朵边大声给他讲道理，他也是注意不到的。在记忆方面也是如此，2~3岁的孩子常常是在无意中记住了一些事物，如果妈妈强迫他去记忆，他反而不一定能记得住。这个阶段的孩子，做事情没有明确的行动目标，做不到有始有终，如果中途遇到吸引他的其他事情，他就会很容易放弃原来的事情，比如，你让他拼积木，他拼到一半时，听到窗外传来挖掘机的声音，他很可能会扔下积木，跑过去看挖掘机。

这种无意识性的心理特征，会让他们很难意识到自己的行为有多么严重的性质和后果。很多时候，他们只是做了一件发自本能的事情，结果就被妈妈判定为很大的"缺点和毛病"，这对孩子而言，是很不公平的。我们一起来看看下面这个案例吧。

有一位妈妈说，她的孩子有一个行为让她无法容忍，那就是撒谎！

男孩今年3岁，正上幼儿园小班。每个妈妈都非常希望自己的孩子具有诚实的品质，所以这位妈妈也总是要求自己的孩子不许撒谎，如果撒谎就会受到惩罚。但是这位妈妈发现，惩罚措施好像并不能有效遏制孩子撒谎的习惯，反而让事情变得更加恶化。

有一天晚上，到了孩子上床睡觉的时间，妈妈来到他的房间检查他的睡眠情况。孩子房间里还亮着灯，妈妈发现地板上有几张糖纸，问孩子是不是睡觉前又吃糖果了，孩子矢口否认。妈妈的火气"腾"地一下就起来了，她最不能容忍的行为就是撒谎，所以冲上前去打了孩子一巴掌，并嚷道："我告诉你，我最讨厌撒谎的人！你为什么要撒谎？不管发生什么事情，都不能撒谎，你知道吗！"结果，孩子吓得哇哇大哭。

诚然，撒谎这种行为并不可取，需要妈妈及时地予以纠正。但是，妈妈应该了解一点，那就是孩子也许并没有意识到自己的行为会在妈妈心里造成这么大的影响，他不过是喜欢甜食，才下意识地偷吃了糖果。案例中的妈妈用近乎失控的方式来面对孩子的谎言，有点过于夸张了。要知道，2~3岁孩子的自制力很差，一般情况下抵挡不住"吃和玩"的诱惑，所以孩子偷吃糖果的行为并不值得大惊小怪。另外，可能这位妈妈之前对孩子撒谎的行为反应过于激烈，甚至非打即骂，所以才导致了孩子在犯错后继续撒谎。

妈妈们要意识到，你面对的只是一个年幼的孩子，他没办法达到你理想中那么高的要求，与其双方都痛苦，何不适当降低一下自己对孩子的要求呢？我们来看看以下几个方法：

1. 面对孩子的问题，妈妈心态一定要平稳

2~3岁的孩子没办法理性地接受妈妈的批评，当他哭得很厉害的时候，根本听不进去任何道理。妈妈这时应该用行动使他安静下来，比如拿毛巾给他擦擦脸、用平缓的声调说话，让他感到亲切，等他完全冷静下来以后，再

对他进行说理教育。而且在教育孩子的过程中，一定要保持平稳的心态，不要心浮气躁，急于求成，因为你的焦躁与过分关注，会引起孩子的不安与反感，不利于孩子改正问题。

2. 面对孩子的问题，妈妈一定要正向教导

同样一件事情，妈妈其实有正向和负向两种教育方式，比如孩子哭闹不愿意跟别的小朋友分享玩具时，你可以这样教导他："宝宝长大了，知道这是自己的东西，要好好保护它。但是，下次如果你能跟别的小朋友一起分享它的话，妈妈觉得你更了不起。"同样的问题，换一种方式来表达，或许会收获意想不到的惊喜。天下没有不喜欢鼓励和夸奖的孩子，哪怕孩子只有一点点的进步，妈妈也要给他一个小小的鼓励，因为鼓励是一剂良药，它会使孩子倍感温暖，增加孩子对你的信任感。

3. 面对孩子的问题，妈妈一定要先检讨自己

模仿是 2~3 岁孩子的主要学习方式，他们往往会通过模仿来学习别人的说话、做事方式。而这个年龄段的孩子跟妈妈在一起的时间最长，所以妈妈一定要注意反省自己，认真思考，看看孩子这些缺点的形成是否和自己的一些行为有关。如果确定如此的话，那么妈妈就要下决心改正自己的问题。不要忘了，你的言行举止不可避免地会对孩子产生特别大的影响，如果你不希望孩子继续出现同样的问题，那么就先从自身做起吧。

当你把孩子放在特定的年龄阶段，再去看待他身上的缺点和问题时，是不是就没有那么气愤了？记住，他只是一个孩子而已，尚且达不到你那么高的要求。

如何接纳孩子的情绪

孩子闹情绪时，妈妈们会怎么做呢？脾气暴躁的妈妈可能会选择用以暴制暴的方式来压制孩子的情绪，对着孩子大吼"再闹，你给我试试看"或者是"不听话就把你赶出门"。性格懦弱的妈妈则可能会选择用妥协的方式来顺从孩子的情绪，比如她会安慰孩子说"不要哭，妈妈带你买好吃的"或者说"别哭了，我给你买玩具"。

其实，这是失败教育的两种极端表现，因为恐吓、威胁的话语会扼杀孩子的自尊心和安全感，而采用贿赂、哄劝的方式息事宁人，则会让孩子学会"情绪勒索"。

让我们一起来看看面对闹情绪的孩子时，妈妈正确的做法是什么吧。

美国有一个幸福的三口之家，夫妻俩有个刚满 2 岁的儿子。有一天，他们正在家里宴请朋友，几个孩子在房间里玩耍。他们聊得正欢的时候，突然听到卧室里传来了孩子的哭声，女主人一听，好像是自己的儿子在哭，于是她赶紧走进卧室准备哄哄孩子。

谁知，孩子看见妈妈进来安抚自己，哭得更厉害了。爸爸只好放下手里的餐具，也走进卧室去看孩子究竟是怎么了，可是孩子看见爸爸进来安抚自己，并没有停止哭泣。妈妈只好拍着孩子的后背，温柔地问孩子："宝宝，你很难过是不是？你到底怎么了？"结果妈妈每问一句，都换来孩子更大的哭声。妈妈只好耸了耸肩膀，对爸爸说："换你来试试吧。"爸爸弯腰想把孩子抱起来，可他拼命挣扎着不让抱，梗着脖子扯着嗓子哭。

见此情景，妻子就对丈夫说："要不我们让他自己待一会儿吧。"于是她又蹲下来抚摸着孩子的后背说："宝贝儿，妈妈知道你现在很伤心，你想哭就哭吧，我们都不打扰你了，如果你想找爸爸妈妈，我们就在餐厅。"说完她站起来，安顿好其他的孩子，就带着丈夫一起离开了卧室，让孩子自己好好地发泄一下。

这个案例中美国夫妇的做法值得我们借鉴。其实，2~3 岁的孩子还不会有效表达，他哭闹自有他的道理：心情不好了，肚子不舒服了、饿了、渴了等都有可能哭闹。哭闹是孩子表达自身情感的一种本能，也是孩子释放情绪的一种途径。如果我们用呵斥的方式禁止孩子哭闹，他内在的不良情绪得不到很好地释放，就会影响身心健康。

因此，如果孩子正在闹情绪，妈妈首先要无条件地接受孩子的这些情绪，理解孩子此时的痛苦或是愤怒，允许孩子尽情地把这些负面情绪发泄出来。但是值得注意的是，无条件接受孩子的情绪，并不意味着我们对孩子的一切行为都放任不管，恰恰相反，我们要提前为孩子制定合适的规则，用来约束孩子的各种行为。

1. 无条件接受孩子的所有情绪

作为妈妈，我们应该无条件接受孩子的所有情绪。理解孩子当下的情绪，明白孩子在要求被拒后哭泣是很正常的反应，如果把眼泪压抑下去反而会阻碍其情绪的缓解，长此以往会让孩子累积过多的负面情绪。因此，妈妈没必要强行压制孩子的负面情绪。在此情况下，高情商的妈妈会蹲下来抱抱他、拍拍他，告诉孩子你能明白他的感受。然后等孩子情绪平复之后，再跟孩子好好地进行沟通。

2. 无条件接受，并不代表无原则纵容

孩子总会有各种各样的要求，妈妈不可能满足他所有的要求。比如孩子在商场里哭闹着非要你给他买一件玩具，但是你觉得家里同类的玩具已经很多，没必要再买了，孩子有可能会沉溺在悲伤的情绪里无法自拔，任凭你怎

么讲道理，他都不能停止哭泣。这种情况下，妈妈应该理解孩子的难过，允许孩子哭一小会儿，但同时，妈妈应该用温和而坚定的态度，让孩子知道妈妈会坚持原则，不会因为他哭闹就改变主意，他哭一会儿便会知难而退。这样，他以后就不会以哭闹为手段，胁迫妈妈做出让步。

3. 无条件接受，并不代表不对孩子进行教导

妈妈在平时，应该有意识地教会孩子一些表达情绪的词语，比如喜欢、不喜欢、想要、不想要、开心、不开心、生气、愤怒等。妈妈在跟孩子讲话的时候，也要尽量多用一些表达情绪的词语，比如孩子淘气惹你生气了，你这时候可以跟孩子说："宝贝儿，你再这么淘气，妈妈要生气了啊。"孩子听到"生气"这个词语，自然会收敛自己的行为。同样地，妈妈也可以教导孩子向妈妈学习，学会用准确的语言来表达自己的情绪，如果有一天孩子在伤心的时候能够通过语言说出"我很伤心""我很难过"，而非倒在地上大哭大闹，那么，恭喜你，你的孩子可以做自己情绪的主人了。

如果说无条件地接纳孩子的情绪，是妈妈对孩子的爱，那么有条件地管教孩子的行为，则是对他最深沉、最永恒的爱！

高情商的妈妈懂得与孩子共情

哈佛大学教授罗斯·派克认为人的发展有两个方向：一是亲密性，二是独立性。母亲在培养孩子亲密性方面具有天然的优势，父亲在培养孩子独立性方面具有天然的优势。

在孩子身边的家人中，谁是与孩子关系最亲密的人呢？当然是妈妈了。孩子在妈妈肚子里生长了十个月时间，已经与妈妈建立了一种与生俱来的依恋关系，这种依恋关系，是其他家人无法取代的。孩子出生之后，通过母乳喂养，这种依恋关系又得到了进一步增强。这种自然形成的亲密依恋关系，会让孩子在感觉恐惧或者焦虑的时候下意识地寻找妈妈。

然而，发展亲密性与妈妈的情商密切相关，妈妈如果情商很低，就难以与孩子建立起亲密的亲子关系。

我们一起来看看下面的例子。

妈妈在工作的时候，熊孩子又来捣乱了，她拱到妈妈的膝盖上，非要妈妈抱她，无奈的妈妈只好一边抱着女儿，一边打字。就这样过了一会儿，女儿又觉得这样抱着没意思，便从妈妈的膝盖上滑下来，伸出小手在妈妈的键盘上敲来敲去，妈妈急忙拉开了她的小手，说："妈妈在工作，别闹了。"可是孩子扬起下巴，用稚嫩的声音对妈妈说："妈妈，我想帮你打字。"妈妈制止后，她又绕到妈妈右侧，两只小手紧紧地把妈妈的手抱在怀里，连声叫道："妈妈不要工作，不要工作，不要工作！"

妈妈终于忍无可忍了，冲着孩子大叫："一边玩儿去！"果不其然，孩子愣了几秒，很快就哇的一声哭了起来。哭声让妈妈变得越来越烦躁，她提高了嗓门儿嚷道："哭什么哭！你捣乱还有理了！"听到这话，刚才还哭哭啼啼的孩子，只好悻悻地离开妈妈，走到客厅自己去玩了，但是整整一天，孩子的心情看起来都很低落。

案例中的这个妈妈，缺少对孩子的共情，孩子在妈妈工作的时候黏人，这的确是一件让人恼火的事情，但案例中的妈妈，并没有站在孩子的角度考虑问题。孩子的这个举动并非故意和妈妈作对，而是真的想让妈妈放下工作陪自己玩一会儿而已。如果妈妈能够理解孩子行为背后的真实意图，那么就会对孩子的行为多一份理解和宽容。能与孩子共情的妈妈，这个时候肯定不会如此暴跳如雷，而是会平静地问孩子："宝贝儿，你是不是想跟妈妈玩游戏？可是，妈妈如果完不成工作，就不能好好地陪你玩。你看这样好不好，你先自己玩一会儿，妈妈尽快把工作做完，然后咱们一起玩捉迷藏的游戏好不好？"如果妈妈能够设身处地地站在孩子的角度考虑问题，孩子便不会锲而不舍地黏着你了。

所以，妈妈应该设身处地地理解孩子行为背后的真实想法，只有这样，妈妈才能了解孩子的诉求，了解孩子表现出来的愤怒、焦虑和恐惧等情绪，与孩子站在一头，共同应对接下来的问题。懂得共情的妈妈，往往更容易走进孩子的内心。然而，对于共情，妈妈们有几个误区需要注意：

1. 共情不仅仅是接受孩子的情绪

真正的共情并不是单纯地接受孩子的情绪，妈妈还要了解孩子情绪背后的真实想法，等孩子平静之后，寻找合适的机会与孩子进行深入沟通，才能真正打开孩子的心结。比如，你拒绝了孩子"再看一集动画片"的要求后，孩子伤心地哭了，作为妈妈，接受孩子伤心的情绪并不够，还要问问孩子："宝贝儿，你今天为什么想再看一集动画片，是想知道它们在探险中遇到了什么危险吗？"试着与孩子沟通，了解孩子情绪背后的原因，打开他的心结，他才会真正地快乐起来。

2. 共情并不能立即解决孩子的情绪问题

很多妈妈在了解共情的作用之后，就想把共情当作一个解决所有问题的法宝。事实上，这是一种不切实际的想法。有的时候，妈妈看到孩子停止了哭泣，就觉得目的达到了，殊不知，孩子的情绪问题并没有真正解决。比如，孩子在商场大哭大闹，非要买一个玩具回家，然而家里已经有一个类似的玩具了。这时，为了制止孩子哭闹，妈妈会说："家里已经有很多这样的玩具了，根本没必要再买了，你要想清楚！"如果孩子继续哭闹，妈妈可能还会说出这样的话："你要哭就在这里哭个够吧，我不管你了！"然后佯装扬长而去。孩子害怕被单独留在外面，就会停止哭泣，乖乖地跟妈妈回家。但是，孩子真正的情绪问题并没有解决，他只是迫于威胁才停止了哭泣，而非自愿停止。

3. 共情并不等于放任孩子的错误

妈妈还应该知道，共情并不意味着一味地纵容孩子，这对孩子而言，其实是一种不负责任的表现，因为他并不知道自己的行为界限在哪里。比如，孩子不小心打碎了家里的水杯，他内心忐忑不安，妈妈首先应该抱抱他，舒缓一下孩子的恐惧心理，但是，这并没有结束，妈妈还应该接着说："妈妈知道你不是故意的，但还是希望你和妈妈一起把地面收拾干净，也希望你下次拿水杯时能够小心一些。"通过共情先让孩子慢慢平静下来，然后再引导孩子去弥补错误，吸取经验教训，这才是共情最重要的目的。

共情是一种能力，理解对方的能力，并不是简单的技巧，只有充分理解孩子的心情，并把这种理解以关切、温暖、尊重的方式表达出来，才能真正地与孩子站在一头。

接受孩子的负面感受

感受没有对错，我们没有办法去否定别人的感受，也很难体会到别人的感受，但是感受是真实存在的。现实中，经常会碰到孩子出现生气、哭闹、伤心的负面感受，妈妈安慰一次两次还能保持基本的耐心，如果孩子继续表达自己的负面感受，那有些妈妈就不一定能保持很好的耐心了。但妈妈应该时刻记住这样一句话：当我们的情绪被别人接受的时候，我们才更愿意去调整自己的情绪，才有力量去面对所有的愤怒和受伤。

在罗静的文章《善与孩子共情》中有这样一个案例。

> 一位妈妈有事，不得不把两岁半的孩子寄放在朋友家里一会儿。妈妈走后，孩子开始大哭，要妈妈。朋友哄了半天，孩子还是哭。
>
> 这位朋友着急得不行，后来灵机一动，尝试性地靠近孩子，说："你很伤心呢，一定是很想妈妈吧。"孩子边哽咽边点头。
>
> 她看到孩子有了回应，于是继续说："妈妈把你一个人留在这里，你很难过。"孩子说："妈妈是不是不要我了。"她说："妈妈很爱你，不会不要你的。她一会儿就回来了。在她回来之前，我们先玩一会儿积木好吗？"孩子马上停止了哭闹，与阿姨玩了起来，两人轻松、愉快地度过了剩下的时间。

上面这个案例告诉我们，只有调整好情绪与孩子相处，孩子的行为才会发生惊喜的变化。可是，在日常生活中，作为妈妈的我们是如何面对孩子的负面感受的呢？

1. 建议式

当孩子不认可一件事情，或者他自己感觉不够好的时候，我们往往在这个时候给孩子提出各种各样我们自认为正确的建议，而忽略了孩子的感受。比如孩子在拼拼图时，拼了好几次，都无法拼出自己满意的图案，情绪逐渐变得暴躁起来，妈妈这时候为了避免孩子有更多的负面感受出现，干脆参与进来，把拼图方案直接告诉孩子。

2. 为对方辩护式

当孩子对他人出现抱怨情绪的时候，我们的第一反应不是理解而是反驳。比如，孩子回到家告诉我们，今天老师批评他了，这时候我们很有可能会不问青红皂白地站在老师的一边，苦口婆心地告诉他："老师也是为你好，你要听老师的，这样你才能进步更快。"孩子原本只是发泄一下情绪而已，并不想听你讲这些大道理，这时候你为老师辩护一番，反而有可能激起孩子更大的抱怨情绪来。

3. 否认感受式

孩子的世界与我们大人的世界完全不同，当我们认为那只是一件芝麻绿豆大的小事情时，孩子却认为那是他的整个世界。当孩子不小心弄丢了自己最心爱的小汽车，哭泣着把他的负面感受告诉我们时，我们却张口就说："下次妈妈再给你买一个一样的小汽车好了，这有什么好哭的。"孩子会觉得，他伤心的时候，妈妈并没有真正地理解他。

4. 讲大道理式

这种方式往往会发生在爱学习、爱看书的妈妈身上。当孩子有负面情绪的时候，妈妈脑子里往往会浮现出自己学到的一些心理学知识，然后张口就是"我觉得……""我认为……"希望用很多冠冕堂皇的大道理来安慰孩子，但这样的回应恰恰是一种最无效、最冷漠的沟通方式，孩子会觉得你并没有设身处地地理解他的感受，只是把他当作一个纯粹的试验品在对待。

5. 怜悯式

孩子在哭泣时，只表明他现在很伤心而已，并不意味着他是一个需要妈妈同情的弱者。当孩子向家长倾诉他的负面情绪时，妈妈往往也容易被孩子的情绪带走，陪着孩子一起伤心哭泣，这样的回应只会让孩子变得更加脆弱。

6. 提问式

面对孩子的负面感受，有时候最简单的安慰方式就是蹲下来抱抱他，拍拍他的肩膀。悲哀的是，很多妈妈恰恰忽视了这种最简单的安慰孩子的方式，反而会提出和事件相关的各种各样的问题，比如"你为什么要光着脚走路呢，不知道地很滑吗？""你告诉妈妈，为什么会这样做？"这种模式的家长往往关注点在事情上，而不是在对方的感受上，这会让孩子觉得你并没有在乎他的感受。

7. 说教式

孩子愤怒的时候，需要你引导他合理地释放自己的消极情绪，你却表现得非常理智，告诉他："你这样发脾气是不对的。""发脾气就能解决问题吗？"……这种絮絮叨叨的说教模式非常常见，妈妈只顾着说教，压根不管孩子现在听不听得进去，也不会关注孩子的负面情绪。

8. 理解共情式

共情是一种最容易让陷入负面情绪当中的人感到舒服的一种方式。共情的方法很简单，每当孩子出现负面感受的时候，妈妈首先要做的事情就是接受他们的感受，站在孩子的立场，理解他们。

孩子的感受和他们的行为是有直接关系的：孩子有好的感受，就会有好的行为；孩子的感受非常糟糕，那么妈妈说再多的道理都是没有用的。如果我们没有真正地和孩子产生共情，无论我们说什么，在孩子眼里都是虚伪的，只有我们真正与孩子产生共情，才能打动他们的内心。

孩子的安全感源于妈妈无条件的接纳

在意大利教育家莎拉·阿戈斯蒂尼撰写的《我为什么不能这样做》这套书里，有一项心理学研究结论："在三岁期间表现出反抗精神的孩子，更容易成为心理健康、独立坚强的人，而丝毫没有反抗表现的孩子，则往往在性格上趋于软弱和寡断。"叛逆不是孩子的错，妈妈的养育方式才是关键。妈妈如果能够掌握孩子每一种叛逆行为背后的成长动因，那么就能够更好地引导孩子度过自己的叛逆期。

处于反抗期的孩子不喜欢别人控制他的行为，如果他被逼迫做某件事或被迫接受某种意见——哪怕这些意见和行为是正确的，他也会表现出极大的反抗态度。因此，妈妈在面对2~3岁叛逆期的孩子时，一定要注意尊重孩子的想法，如果可能的话，尽可能让孩子做出自己的选择。总之，妈妈要用无条件的爱，让孩子接纳叛逆期的自己，同时给足孩子安全感，让他的叛逆情绪得以缓解，从而顺利度过这一阶段。

让我们一起来看看下面的案例。

某天傍晚，妈妈从幼儿园把3岁的瑞瑞接回家后，就开始张罗饭菜。爸爸给儿子削苹果，儿子在桌子上鼓捣着他的玩具，一切都很和谐……突然不知怎么回事，孩子开始脱掉外衣，光着背。

爸爸建议瑞瑞穿上衣服，不然会着凉感冒，然而瑞瑞并不理会。爸爸见此情形，非常生气，于是训斥瑞瑞："你要不听话，我就不给你削苹果了。"可是瑞瑞依然坐在那里，不为所动。

妈妈看到这一幕走了过来，她温柔地拍了拍瑞瑞的后背，说："瑞瑞平时可爱穿那件衣服了，因为衣服上面有一个超人是不是？"瑞瑞闻声点了点头。妈妈接着问瑞瑞："那你今天怎么不愿意穿它？妈妈发现那个超人在偷偷地哭泣呢，多可怜！"

这时，瑞瑞扭头看了一眼衣服，委屈地说："它湿了。"

"这样吧，妈妈帮你把它吹干，你自己穿上好不好？"妈妈温和地问道。瑞瑞听了妈妈的话，高兴地点了点头。

过了一会儿，瑞瑞从妈妈手里接过吹干的衣服，自己穿上了。

2~3 岁的孩子处于自我意识和个人技能的高速发展期，这个时候的他们，希望可以通过"我说了算""我自己做"，来证明自己的归属感。如果妈妈没有满足他们对于权利的渴望，他们就会表现出反抗、哭闹、发脾气等一系列的叛逆行为来。案例中的孩子爸爸，在面对孩子的叛逆行为时，一味依靠说教和威胁的方式来逼迫孩子穿衣服，反而会激起他更强烈的反抗意识来。相反，妈妈的耐心询问让正处于叛逆阶段的孩子体会到被尊重的感觉，他也因此更愿意听从妈妈的建议。

但是，我们在无条件地接纳叛逆期的孩子时，一定要注意以下几点问题：

1. 无条件地接纳孩子，一定要表现出极大的诚意

妈妈只有从内心真正地接纳孩子，才能完全地理解孩子的内心想法，进而通过适当的方式不断引导孩子向更好的方向去发展。真正的接纳，唯有付诸实践才能发挥它应有的作用，如果父母只是动动嘴皮子，口口声声地对孩子说"我理解你"，却不能够耐心去倾听一下孩子的心里话，这样的接纳只会流于表面，让孩子觉得你对他的接纳是一种敷衍。

2. 无条件地接纳孩子，一定要回应孩子的所有情感

如果你能够及时回应孩子的情感，那么你将会得到一个无比自信的孩子。比如孩子提出："妈妈，你可不可以陪我玩一会儿积木，我想和你一起搭个房子。"如果你正在厨房做饭，没办法陪孩子玩，可以这样回应孩子："当然可以啦！不过妈妈还得 10 分钟才能做好饭，你愿意等妈妈一起搭房子吗？"这

样的回应会让孩子觉得自己的要求得到了父母的重视。坚持回应孩子的所有要求，孩子的内心将会是满满的自豪感，他起码会觉得自己是一个能够得到别人重视的孩子，这样的孩子长大后，起码不会有那么多的挫败感。

3. 无条件地接纳孩子，并不意味着无条件接纳孩子的所有行为

我们可以无条件接纳孩子的所有，指的是我们可以无条件接纳孩子的所有情绪和情感，当孩子因为某件事情表现得特别难过、伤心和气愤时，作为妈妈，我们应该理解孩子的这种情绪状态，但却需要"有条件接纳孩子的行为"，比如孩子在表达难过、伤心和气愤的情绪时，作为妈妈，我们一定要引导孩子慢慢学会用正确的方式去表达自己的情绪，不能让孩子因为情绪上来了，就肆无忌惮地去发泄自己的情绪。

孩子平稳度过 2~3 岁叛逆期，需要有一个高情商的妈妈。在这个阶段，妈妈的处理方式会造成两种结果，一种是让孩子的叛逆期变为成长期；一种是从叛逆期变为问题期。妈妈如果以处处和孩子作对的方式，而不是用温和的语言、爱、规则和约定来帮助孩子规范他的行为的话，那么孩子将无法顺利度过人生的第一个叛逆期。要记住，妈妈只有无条件地接纳孩子，孩子才可能接纳叛逆期的自己。

第十章

牵着蜗牛去散步——

慢养是一种家教艺术

孩子快 3 岁了，不会自己系鞋带，不愿意跟小朋友分享自己的玩具，连简单的 10 以内的数字都数不完……妈妈很焦虑，这样下去，该如何是好？别着急，2~3 岁，孩子最重要的任务其实就是好好地玩。在玩的过程中学知识、学规则，了解大自然，是一件多么美好的事情！其实，在"慢养"方面，最该修炼的人反而是我们父母，我们需要好好地修炼自己的耐心，静待一朵花开，静看一只蜗牛散步。在"慢养"的过程中，你会发现，孩子和我们都受益颇丰。

每个孩子来到世上, 都希望遇到一对好父母

家庭教育的任务, 首先是父母教育、父母学习, 父母是子女在生活中一切言行举止最早的启蒙老师。每个孩子来到世上, 都希望遇到一对好父母。一对好父母, 会引导孩子成长为一个自信、乐观、大气的人, 反之, 如果孩子来到世上碰到一对糟糕的父母, 那么他的性格、习惯都将深深地打上父母的烙印。

父母对孩子的成长有着非常重要的作用, 孩子过得快乐不快乐是由父母决定的。父母的言行、感情融洽程度对孩子的情绪和心理有着深刻的影响, 这些都将是直接影响孩子成长的重要因素。作为父母, 我们不能保证孩子将来一定能够成为一个成功的人, 但我们却能够用我们的耐心和爱心保证孩子将来拥有快乐的人生体验。如果孩子生活在一个和睦、有爱的家庭中, 他的内心会感觉很快乐, 而如果孩子发现父母的关系不好, 他心里就会跟着一起难受。

父母应该是孩子获得安全感和归属感的避风港。无论他在外面经受了多大的困难, 一旦回到父母的怀抱, 他的伤痛将被抚平很多。但如果这个家庭中充满了指责、谩骂、漠视、抱怨, 甚至是忌恨, 家庭就成了最伤害孩子的地方, 而且这种伤害往往要比外人带来的伤害更可怕、更难以承受。

> 3岁的盈盈有一只非常可爱的毛绒熊猫, 这只熊猫从婴儿时期就陪着她。盈盈吃饭、睡觉、玩耍的时候, 都会让小熊猫陪伴在她的身边, 两个 "人" 好得形影不离。

她学会走路之后，会耐心地扶着熊猫的两条腿，在地上教它走路；她学会吃饭之后，会拿出一个勺子，耐心地放在熊猫的嘴边，喂它吃饭。

然而，有一天，这只小熊猫却在他们外出的时候丢失了。盈盈哭得非常伤心，妈妈安慰她说："宝贝儿，明天我们一起去商场再给你买一个一模一样的熊猫，好不好？"

盈盈却红着眼睛对妈妈说："外面很冷，我们一起出去找找它好不好，然后带它回家吧！"

妈妈张了张嘴巴，本想告诉她："这是一只假的熊猫，不会走路，也不会吃饭。"但看到盈盈伤心的模样，妈妈决定保护好孩子这颗友爱、善良的童心。妈妈穿上衣服，带着盈盈，冒着严寒，把走过的所有地方，挨个都找了一遍。

最后，她们打着手电筒，在黑漆漆的停车场找到了那只遗落在地上的熊猫。盈盈冲过去，一把抱住熊猫，然后牵着妈妈的手，高高兴兴地回家了。

回家之后，盈盈心疼地抱着小熊猫，在妈妈的脸颊上亲了一口，笑着说："猫猫回家了。"

其实，做这样的好妈妈并不难，只要我们舍得给孩子足够的尊重和爱，把他当作一个有独立人格的生命去对待就可以了。你尊重他所珍视的一切东西，哪怕这个东西只是一只小小的熊猫，一个小小的摆件，对他而言，也许就是整个世界。随着长大，他也会学着你的样子，尊重你所珍视的一切，全心全意地爱你。

要想成为一个好妈妈，我们应该做到以下几点：

1. 千万别吝啬你对孩子的爱

一个好妈妈，首先是会对孩子表达自己爱意的妈妈。作为妈妈，我们要给予孩子足够的爱和感情，而且这份爱意和感情不会因为他偶尔的淘气、顽皮、发脾气就打折扣，这种爱应该是伟大的，无条件的。

然而，中国妈妈性格一般比较内敛，往往不太习惯用言语表达自己对孩子的爱。其实，有的时候，一个温暖的抚摸或者一个关怀的拥抱就可以让孩子知道妈妈是真正关心他的。当然，口头表达爱意也是很重要的。无论孩子表现得多么糟糕，我们都要坚定地告诉他们：妈妈是爱你的。有爱，孩子才有奔跑的动力。

2. 让孩子有足够的"自我认同感"

"自我认同"是什么呢？说得通俗点，就是自我价值。对于一个孩子而言，如果能够理性、乐观地看待自己以及外部世界，那么他就能够对生活保持一份乐观和豁达，努力地拥抱生活、追求生活；如果他在妈妈的一味"控制"和"操纵"下，天天听到的话语都是"你不可以这样""你不可以那样""你这样做是错的""你那样做也是错的"，那么他只能自怨自艾地活在责备和抱怨之中，从而丧失独立、乐观生活的勇气。好的妈妈，应该允许孩子成为一个积极而独立的生命，引导他在追求和逐渐接近目标的过程中体验到自我价值，同时体验到来自社会的承认与赞许。

3. 用"爱"来教育孩子

在家庭教育中，妈妈要做到有爱的教育，有智慧的教育，而非一味依靠管制的方式去命令孩子做事情。有人说："一种没有爱的管教、惩罚，会让孩子感到仇恨、抗拒、罪恶、自怜，甚至觉得自己毫无价值，形成错误的自我认知。而用爱的方式去给孩子定规则，孩子才能感受到规则是爱的一部分，才能明白这一份珍贵的亲子关系。"

孩子投身到我们父母身边，选择与我们成为相亲相爱的一家人，这是前世经历了多少次的回眸才能换来的缘分，作为妈妈，我们一定要好好珍惜上天派来的这个小天使，好好地陪伴他，呵护他，做他生命中的好妈妈。

2~3 岁，玩是最好的学，别刻意教孩子学知识

有人说，现在养育一个孩子，花费最多的不是吃饭和穿衣，而是课外辅导班的费用。放眼望去，形形色色的早教市场颇受广大父母的关注，从孩子会说话、走路开始，父母就抱定了"绝不让孩子输在起跑线上"的打算，为孩子预订舞蹈、画画、手工、外教等名目繁多的培训课程。

但妈妈别忘了，如果盲目对孩子进行早期教育，有可能会给孩子的成长带来不好的影响，未必超前的教育就是好的。有的孩子 2~3 岁的时候的确能背出很多诗歌，可到了 5 岁左右，反而不愿意说话了。因为 2~3 岁的孩子还不具备学习大量知识的能力，被父母提前"填"进去了很多知识，结果到了该学这些知识的时候，已经失去了学习兴趣。因此，2~3 岁，玩是最好的学，别刻意教孩子学知识，以免南辕北辙，给孩子带来不好的影响。

3 岁的乐乐是个聪明可爱的孩子，在妈妈的教导下，他很快就学会了 26 个英文字母。妈妈觉得很开心，于是又把乐乐送到一家早教机构，分别给他报了英语口语班和汉语拼音培训班，希望他能够接受系统训练。

刚开始的时候，乐乐进步很快，妈妈随手拿出一个字母，乐乐就能快速说出它的英文发音。可是过了一段时间之后，妈妈突然发现乐乐的学习能力好像退化了不少，当她再次拿出字母的时候，却

发现乐乐盯着字母看了半天，也没能准确地说出它的发音，看起来思维有些混乱。

案例中的强强正是因为"过度训练"才出现了思维混乱的问题。要知道，孩子的认知能力发展与脑部结构发育密切相关，2~3 岁是孩子学习口头语言的时期，这个时候应该鼓励孩子多说话、多玩耍，而不应刻意教授和要求孩子背诵。过早的训练会违反孩子身心发展规律，而且训练不当还会对孩子的身心发展造成不良的后果。很多受过早教的小朋友出现"不合群""口语交流能力滞后"等现象，就是孩子大脑的某些部分被过度刺激导致。另外，孩子 3 岁前靠记忆学来的东西，会随着时间慢慢忘记，对孩子积累知识实际上没有帮助，与其这样，还不如让孩子好好地玩耍，同时引导孩子在玩耍中自然而然地学习一些知识。

针对 2~3 岁孩子的早期教育，妈妈们一定要注意以下几个问题：

1. 家庭才应该是早教的中心

相比花钱上早教班，"生活式早教"其实是一种花费最少、效果最好的教育方式，妈妈们不妨尝试一下。"生活式早教"，顾名思义就是倡导"在日常生活中促进儿童早期发展"。对于 2~3 岁孩子来说，大部分时间都是在家人的陪伴下度过，所以家庭环境毋庸置疑是开展早期教育最主要也是最重要的场所。家庭对孩子心理品质和行为发展的影响是早教中心及幼儿园、学校等其他环境无法比拟的，这一点却很容易被很多妈妈忽视掉，她们总觉得专业的早教机构比自己教育得更为专业。

其实你如果仔细观察一下就会发现，很多早教活动都会引导家长和小朋友一起参与进行，如果脱离开家长的参与，孩子的学习效果并不见得很好。与其花费一笔不小的费用带孩子去教室一起参与活动，还不如跟其他的小朋友及家长们组织一下，让孩子们共同完成一些游戏。

2. 妈妈可以在特定环境中教孩子识字

2~3 岁孩子的学习不应该在一本正经的书桌前，而应该在生活中、游戏中、行动中进行。妈妈应该引导孩子在特定环境中学习一些知识，比如，孩子在跟他生活联系很紧密的环境中认字，可能会更感兴趣，而且更容易记住。如果你拿着一个识字本，费尽力气地去教他，还不如将这些识字活动融入他每天上幼儿园需要经过的马路上或者公园里。如带孩子去幼儿园时，你碰到了小草，就教孩子学习英文单词"grass"，碰到刺眼的阳光，就教孩子指一指太阳，然后教孩子学习英文单词"sun"。孩子在跟着我们念出发音的同时，会下意识地用手指一下小草或太阳，这样同时也锻炼了孩子的手眼协调能力。

3. 妈妈应该引导孩子在玩中学

孩子自发地专注于玩水、玩沙、玩牙刷、翻马桶盖、堆积木、翻箱倒柜等日常活动，这都是在学习，妈妈可以利用这些机会帮助孩子成长。比如，2~3 岁孩子都喜欢玩"过家家"的游戏，在这个过程中，孩子们要选择自己喜欢的角色，并且要学会表现这个角色的行为特征，体会这个角色的感受，从而帮助他们了解真实生活中的各种人物角色。再比如，孩子在玩积木的过程中，会尝试创造出不同的三维空间，这也是他们日后学习几何、物理、工程学和建筑学等课程的基础。

4. 妈妈不要盲目攀比

妈妈要保持冷静的头脑，平时多了解孩子们的学习方式，不要盲目地与其他家长攀比。孩子的成长在不同年龄段有先有后，只要孩子处于正常发育期内，就不用过早、过度地让孩子接触文化知识。在教育孩子的过程中如果出现了问题，比如，孩子认字慢，或者学东西很费劲，那我们就要反思一下，究竟是孩子的学习情绪出现了问题，还是孩子的学习方法出现了问题，等等。

针对孩子学习过程中出现的各种问题，妈妈一定要保持足够的耐心去引导孩子，不要因为孩子暂时不如别人，就口不择言地用言语打击他、刺激他，这样反而会适得其反，激起孩子的厌学情绪来。

总之，妈妈应该记住，快乐是孩子玩耍的第一原则。不要为了让孩子发展得更全面，就强迫他玩不喜欢的游戏。玩耍一定要顺其自然，妈妈千万别把玩耍变成刻板的学习，这样反而会揠苗助长，让孩子产生逆反心理。

大自然——孩子成长最好的老师

文章《孩子不是文明的奴隶》中有这样一段话："他们的聪明远离了小溪中的鱼虾，远离了草丛中的蝈蝈、蚂蚁，他们不知道自然是美丽的，他们不知道生活中暴风雨与阳光同行，他们的举止缺少了个性和孩子活泼、纯真的、同一而刻板的模型。"

现在的孩子把很多宝贵的接触大自然的时光奉献给了书本和作业，失去了很多孩子该有的快乐生活。妈妈应该清楚，我们要塑造孩子，但不能以牺牲孩子的天真和童年的乐趣为代价，不能以大人的认识和感觉为标准限定孩子。应该让孩子去玩泥巴，去玩沙子，去踢足球，去趴在地上兴致勃勃地看蚂蚁搬家，和小伙伴一起磕磕碰碰，四处发现"新大陆"。孩子的行为可以引导，但童趣、童真不能被剥夺，童心不能被践踏。

大自然应该是孩子成长最好的老师。与大自然充分接触的孩子，不仅能够学到很多书本上学习不到的知识，还能在玩耍中彻底解放天性，找到一份童真与心底的宁静。此外，父母和孩子之间通过共同嬉戏，还能够增进亲子感情。再者，运动对肌肉、骨骼、肠道、呼吸等系统的发育及新陈代谢都有良好的促进作用。总之，亲近大自然对孩子的情感、智力、身体发展都有非常大的好处。

著名的教育家苏霍姆林斯基认为：在童年时代的美的记忆发展情况如何，将在很大程度上决定一个人的赞赏和鄙视、热爱和憎恨的能力。为此，他和老师们经常带领孩子们去欣赏朝霞和开着荞麦花的田野，欣赏秋天的灰蒙蒙的雨丝和晴朗的初秋的早晨，欣赏无边的田野和远处地平线上的小丘，欣赏云雀的歌唱和蜜蜂的嗡鸣……在宁静而明朗的初秋的日子里，苏霍姆林斯基和老师们让学生注意观察空气是多么惊人的透明，天空是那么深邃，水是那么清澈。在秋天的树林里，孩子们倾听各种鸟儿的叫声和落叶轻微的沙沙声。赞叹长着火红色的硬果的野蔷薇，欣赏还挂着几片黄叶的枝干匀称的小苹果树，心疼被初冬的寒风吹僵了的西红柿株——这一切都在唤起儿童对有生命的美好事物的亲切、爱护的态度。

带领孩子接触大自然，有非常多的益处，妈妈们真正了解它们吗？

1. 可以让孩子做一个环保志愿者

大自然给了孩子无尽的视觉享受，但是在带孩子走近大自然的同时，妈妈要教他野外求生的知识以保护自己，也要教他如何更好地保护大自然，让孩子了解环境保护，是唯一使我们永远享有自然的办法。引导孩子热爱大自然中的一草一木，引导孩子对动物们保持一份爱心，让他们在小小的年纪，就立志成为一个伟大的环保志愿者。

2. 可以让孩子感受生活的美好

如果有可能的话，尽可能地多带孩子出去感受一下大自然的美好与壮丽，一个热爱大自然的孩子，能够对生活永葆一份乐观的态度，面对困难也不会轻易变得消极颓废。试着让孩子去嗅一嗅鲜花的芳香，让孩子聆听一下小鸟的鸣叫，甚至让孩子去认真观察一只正在搬运食物的蚂蚁……这都能帮助孩子形成美的概念，提高孩子的审美能力和敏锐度，帮助孩子从小就感受到生活的美好。告诉孩子，大自然是一个无比神奇的画卷，等着他尽情去探索隐藏在其中的奥妙。

3. 大自然是最好的精神药剂

大作家鲁迅深谙此道。鲁迅小时候，每当学习疲累的时候，最喜欢去的地方就是百草园，那里可以捉蟋蟀、玩斑蝥，还有紫红的桑椹和酸甜的覆盆子……在那里，他将所有的烦恼都抛到脑后，感受到的，只有浓厚的生活气息。

大自然的确能在某种程度上舒缓焦虑、缓解抑郁，这种保护防御功能对于那些最易受伤害的孩子来说是最大的，这是因为大自然提供了一个促进社会交往和社会支持的天然的机会，许多孩子成群结队地在大自然中一起玩耍，他们丢弃烦恼，身心彻底放松。

4. 大自然是孩子最好的幼儿园

德国有一种森林幼儿园教学模式，它将课堂设置在了美丽的大自然中。孩子们可以在这里探究他们所看到的一切事物，比如树木、石头、花鸟虫鱼等随处可见的自然景观都可以作为他们探索、学习的内容。同样，孩子们在享受大自然美好的同时，也会尝试解决大自然抛给他们的难题，比如下雨了该怎么办？吃饭需要的食材如何在大自然中获得？这种设立在大自然中的课堂，既能开阔孩子的视野，也能培养孩子动手解决实际问题的能力。

我们不妨借鉴一下德国森林幼儿园的教学模式，鼓励孩子到广阔的大自然中去，让他们聆听大自然的教诲，那里才是孩子成长最美好的乐园。

给孩子创造遭遇挫折的机会

如今的孩子多是家中独苗，被爷爷奶奶、爸爸妈妈的爱包围着，承受力普遍较差。新闻上动不动就曝光，某某家的孩子因为妈妈批评了几句就离家出走，某某家的孩子因为某次考试成绩不理想就跳楼自杀。这些问题背后的根本原因都是由于孩子的心灵太过于敏感脆弱，缺乏承受挫折和压力的能力。

孩子的抗压能力需要从一点一滴的小事情开始培养，比如，孩子穿不好袜子就变得烦躁不安、大哭大闹，这个时候，很多妈妈都会急于向孩子演示正确的做法，这样做不仅不能提高孩子的抗压能力，火候掌握不好的话，还有可能加重孩子的挫败感。与其这样，不如先留给孩子一点发泄情绪的时间，等他情绪稳定了，你再抱抱他，鼓励鼓励他，对他说："哭解决不了任何问题，想办法慢慢来吧。"孩子如果还是不能独自穿袜子，妈妈不妨蹲在旁边，耐心地给孩子提供一些建议，让孩子坚持尝试，直到他能够正确地穿上袜子，等这个问题解决了，他的理解能力和解决问题的能力肯定会上一个新的台阶。

在培养孩子抗压能力的过程中，妈妈需要非常高的智慧和情商。我们一起看看下面这位高情商的妈妈是如何做的吧。

无论3岁的君君发生了什么事，妈妈总能把自己调到和儿子相同的"频道"。

君君喜欢吃糖，有天晚上睡觉前闹着要糖吃，妈妈不给，君君大哭，妈妈也学着君君的样子"大哭"，君君看到妈妈哭了，居然停止了哭泣，还拍了拍妈妈的肩膀表示安慰。

君君在幼儿园有一次没有得到小红花，便哭着回家，妈妈说："不要哭了宝贝，妈妈回家给你做一朵又红又漂亮的小红花。"君君听后，破涕为笑。

　　这位妈妈教会孩子用乐观的态度来看待挫折，用接纳的心态来迎接挫折，她时刻告诉孩子：挫折是家常便饭，是生活在和我们开玩笑；挫折不是你一个人才有的，别人也有，没什么大不了；挫折并不可怕，来了就来了，它还会走。我们也应该学习这位妈妈的高情商处理方式，努力创造一些合适的机会，提高孩子抗击挫折的能力。

　　如果你想要拥有一个乐观自信、抗压能力超强的孩子，那就不妨尝试一下下面几种方法吧：

1. 给孩子创造一些遭遇挫折的机会

　　因为现在的家庭中大多只有一个孩子，所以父母把孩子时时刻刻都保护在自己身边，帮他挡住伤害与失败，生怕孩子遭受一点点的挫折和困难。在这种家庭理念的影响下，很多孩子根本就学不会如何独自承受挫折。因此，在日常生活中，妈妈应该多给孩子创造一些遭遇挫折的机会，比如，妈妈可以适当把责任下放，买东西时鼓励孩子主动去开口，如果孩子与别的小朋友之间发生一些小纠纷，也可以让孩子自己去解决，等等。如果孩子成功了，要及时鼓励，多说一些"你比爸爸妈妈都棒"之类的话，以示鼓励。

2. 努力让孩子的情商变得更高

　　一个高情商的孩子，绝不会为了一点点小事情就痛哭流涕，甚至走极端，因为他觉得这压根就不算什么事，再大的问题，只要一个个化解掉就行了。孩子的高情商需要妈妈从他小的时候就开始培养，比如，可以让孩子独自去应对人际关系方面的难题，如果他与别的小朋友之间发生了不愉快的事情，让他尝试自己去解决。如果孩子之间只要一发生冲突，大人就去干涉，就会剥夺他们自己探索、自我学习的权利，从而会让孩子对妈妈产生依赖，觉得什么事情都应该由妈妈替他们去解决，未来一有什么问题出现，他们第一时间想到的永远是妈妈。

总之，妈妈要时刻提醒孩子，失败是一件很正常的事情。在人生的转折阶段，我们都经历过失败，而这些失败的经历教会我们变得更谦逊、更富有同情心，也教会我们日后怎样来处理问题。要让孩子明白：挫折，其实一点儿都不可怕。

静待花开，耐心倾听孩子成长的声音

有一句话说得非常好，成长就是这样的一个过程："三分教，七分等"。孩子早就拥有成就自我的无限可能，妈妈要做的，只是耐心地陪伴孩子，然后静静地倾听孩子成长的声音。

静待花开，耐心倾听孩子成长的声音，你做得到吗？你可曾因为孩子笨拙地用不好筷子而怒火中烧，你可曾因为孩子不愿跟别人分享而恼羞成怒？

我们来看看下面两个案例中的"焦虑妈妈"吧。

第一种妈妈，无时无刻不在催促孩子"快一点儿"。

早晨，妈妈像往常一样催促 3 岁的儿子快点儿起床去幼儿园，因为她还要赶去上班。可是，妈妈穿好衣服，来到卧室一看，儿子竟然还赖在床上睡大觉。妈妈气坏了，大声嚷他，并狠狠地打了一下他的屁股。儿子被妈妈突如其来的举动吓坏了，哇的一声哭了出来，委屈地说："妈妈，我梦见你变成了公主，可是公主现在没了……"此时，妈妈才意识到孩子刚才正在做一个美丽的梦，结果被自己粗暴地打断了。妈妈愣住了，一把把孩子拥在怀中，懊悔不已。

第二种妈妈, 无时无刻不在期待孩子"更优秀一点儿"。

在"望子成龙"心态的驱使下, 妈妈曾给过刚满 3 岁的豆豆很多强制的"爱"。比如周末给豆豆安排了一整天的早教课程, 压得他喘不过气来, 他稍有退步妈妈便会大发雷霆, 甚至动用"家法", 妈妈常常能看到豆豆眼中的怨恨与不满。每当豆豆厌烦学习的时候, 妈妈又是好言相劝, 又是物质奖励, 把自己以为的"特别的爱"强加在孩子身上。直到有一天, 她发现, 豆豆开始极力地避开她, 她这才意识到"揠苗助长"无情地拉开了她和豆豆之间的距离。

这两个案例中的妈妈其实是中国妈妈的典型代表, 她们恨不得孩子 3 岁就能认识 1000 多个汉字, 5 岁就能出口成章, 成为孩子里的佼佼者。为了不让孩子输在起跑线上, 她们拼命给孩子报各种早教班, 音乐、舞蹈、画画……生怕自己家的孩子比别人家的孩子少学一点儿东西; 动不动就用"别人家的孩子"跟自家孩子比, 无论内心还是行为上, 都会以周围的孩子作为标准, 且不管自己的孩子水平如何, 都只强调别人家的孩子如何优秀。

可悲的是, 这样的用力培养不仅很难取得预想中的完美结果, 反而会对孩子的成长造成沉重的负担。要知道, 孩子在 2~3 岁时, 应该过一种无忧无虑的快乐生活, 不该如此沉重地活着。真正爱孩子的妈妈, 是永远用巨大的爱心和耐心陪伴孩子成长的妈妈, 即便孩子表现得不够完美, 在我们眼里, 也应该是一个能够冲破枷锁, 拥有无限可能的天使。这样的妈妈是静待花开, 耐心倾听孩子成长声音的妈妈, 是孩子最可靠的人生导师。

作为妈妈, 在静待孩子成长的过程中, 可以告诉自己要平心静气地理解下面几件事情:

1. 别那么在乎孩子的成绩

告诉孩子, 努力的过程远比最终的成绩要重要, 如果孩子通过努力, 取得的成绩依然不够理想，妈妈要做的事情是表扬孩子，而不是打击他。作为妈妈，去打击一个每天努力学习的孩子，是一件多么残忍的事情啊。

告诉孩子，成绩不代表生活的全部。当然，这里的成绩主要指孩子各方面的进步，比如在早教班和幼儿园取得的各种学习成果、各种进步等。要让孩子明白，除了成绩之外，生活还有很多种美好的可能，也许孩子的学习成绩不好，但是他活泼可爱、讨人喜欢。妈妈永远要用正向的视角去发现孩子身上潜藏的资质和可能，帮助孩子去发现自己身上的闪光点。

2. 别那么夸大孩子的缺点

每个孩子都有缺点，也都有自己的优点，聪明的妈妈不会刻意去夸大孩子的缺点，而会去夸大孩子的优点。你要知道，无论孩子的缺点被你贬损得再多，也无法将它变为你所希望看到的长处，相反，孩子还有可能会因为逆反心理故意与你对抗。与其这样，不如忽略他的缺点，将目光放在他的长处和优势上面。

有人曾经做过这样一个有名的实验，随机抽选了一部分同学，故意告诉他们，他们是经审核出来最优秀的孩子，并把他们组成了一个新班，让老师经常鼓励、赞美他们优秀，时间久了，这个班的学生果然比起其他"普通班"的学生优秀，成绩越来越突出。由此可以看出，多表扬孩子的优点，能够对孩子形成心理暗示，让他更加自信，从而让他的优点也更加突出。

3. 告诉孩子，困难总会过去的

妈妈应该教育自己的孩子，把一切困难看得轻松一些，再难的困境，都像流动的水一样，总会过去的。妈妈如果每天呈现给孩子的是一份坚强和乐观，孩子的内心也将坚强阳光得多。与孩子的成绩相比较，妈妈更应该珍视孩子的生命和未来，请把你的目光放长远一些吧，给予孩子一颗强大的内心，远比给予物质要重要得多。

爱和尊重，就是不包办、不控制

生活中，很多妈妈经常以爱的名义，包揽孩子的所有事情，事无巨细地控制着他们的思想和行为，其实我们并没有问过孩子，他们是否会喜欢这样的爱？国外有一个比较流行的概念叫"terrible two（可怕的两岁）"，是说2~3岁的孩子已经有了最初的自我意识，其实这一阶段就是很多人所说的孩子的第一个叛逆期。

按照发展心理学的理论，孩子只有学会摆脱来自外界的干扰，才能逐步建立独立的人格。孩子从出生开始，就不得不听从父母的各种建议，比如跑得太快就会跌倒，上蹿下跳容易摔伤，吃糖太多就会蛀牙……这些形形色色的建议，是孩子迈向独立首先要解决的难题。他想要证明自己，就会先从父母的建议着手，表达自己的质疑和反叛，这种质疑和反叛，恰恰是孩子形成独立思想和建立行为秩序的开始。所以对待孩子的第一个叛逆期，妈妈应该从积极的角度去看待。

了解了2~3岁孩子的心理特征后，妈妈们应该明白，对孩子最好的爱其实就是尊重，不包办、不控制他的内在思想和行为秩序。

这一点我们应该借鉴一下美国妈妈的做法，他们从小就尊重孩子，重视给孩子自主权，让孩子解决自己所遇到的各种问题。

美国的孩子往往从两三岁开始就拥有了自己独立的房间。孩子在自己的小天地里学习和玩耍，尽情地享受童年的乐趣，父母很少对他们有过多的干涉。当然，他们也会被要求尽可能地整理、收拾好属于自己的这片小天地，努力做好这片天地的小主人。除了拥有独立的生活空间之外，美国幼儿还有参与家庭决策的权利，比如家里需要添置什么新东西，对某件事情有什么看法等，父母都会尽可能地听取孩子的意见。

此外，许多2~3岁的孩子都会跟妈妈一起干些力所能及的家务活，如收拾院子、种植花草树木、擦洗汽车、做室内外卫生、购买东西等。有一个3

岁小女孩因为她的房间总是很凌乱，妈妈为此唠叨不休，但不见效果，后来妈妈就跟她订了一个协议：每到周末，各自彻底打扫自己的房间，晚饭前完成；平时每天临睡前要把各种物品整理好，养成随拿随放、注重环境整洁的好习惯。妈妈和孩子共同遵守协议，妈妈不再唠叨了，孩子的房间也整洁了很多。

妈妈总是尊重孩子自己的意愿，让孩子独立支配自己的课余时间。选择学什么乐器和其他技能，妈妈总是给予支持、鼓励和指导，或帮助请家庭辅导教师，或支持孩子去上技能培训班。

我们也应该向这些给予孩子爱和尊重的美国妈妈学习，学习她们可以真正地把孩子看作是一个拥有独立人格的个体，不包办、不控制那些本该由孩子自己做主的事情。

妈妈要学会放手，并不是一蹴而就的事情，而应该从一点一滴的小事做起。具体而言，妈妈们不妨借鉴下面几个方法：

1. 要相信孩子可以做得很好

孩子在成长的过程中需要得到一些锻炼的机会，妈妈应该相信孩子可以做得很好，如果过度保护孩子，就会在无形中扼杀孩子独立解决问题的能力。所以妈妈在日常生活中应放开手脚，做个"懒"人，凡是孩子自己的事，都放手让他独立去做。比如说，可以让孩子在 2 岁时试着自己穿衣服，也许孩子刚开始会把扣子系得乱七八糟，但孩子有了第一次的乱七八糟，就会从中汲取经验，从而把扣子系得更整齐。

2. 有些事情不妨放手让孩子自己解决

有的时候，为了让孩子能有独立思考和解决问题的能力，我们甚至不得不经常扮演一个狠心的妈妈，凡事遇到困难先让他自己思考，不应立刻前去帮忙。比如说，当遇到与小朋友打架的事情时，让孩子自己去处理；在遇到有关孩子的事情时，要征求孩子的意见。孩子做不好手工，告诉他没关系，只要是自己动手做成的东西，再丑陋也是自己努力的成果。

3. 让孩子适当做一些选择

一些小的事情，先不要急于替孩子做决定，可以让孩子自己做出选择。比如，孩子早上出门要穿哪件衣服，不妨问问孩子的意见，这时候你会发现，孩子挑选的衣服也许更适合他自己，更能彰显他的个性，所以不要把我们的喜好强加给他。平时吃饭，也可以让孩子决定自己的主食内容，比如是喝八宝粥，还是小米粥，他自己选择的食物一般都会好好吃完，因为当你让他自己来选择时，就已经把他当成小大人了，他自己当然得对得起父母的信任。

瑞典儿童文学作家林格伦说："儿童需要管教和指导，这是真的，但是如果他们无时无刻和处处事事都在管教和指导之下，是不大可能学会自制和自我指导的。"与其让孩子变得慵懒和散漫，不妨给予他充分的爱和尊重，让他也参与自己的人生规划吧。

最该"慢养"的人，其实是父母

"慢养"这一教育理念，是由黑幼龙先生提出的，他是这样解释"慢养"的："也许孩子现在的功课很烂，甚至交上了一些坏朋友，但将来他仍可能成为很杰出的人，不要现在就给孩子的一生下结论。孩子的教养要慢慢来，多给他们一些空间，让他们慢慢描绘自己的人生蓝图。"他认为："慢养就像种花，要耐心等待花开。慢养并不是时间上的慢，而是说教育孩子不要太担忧、急于求成。有的孩子成熟得快，有的较慢，孩子是慢慢养大的。相信孩子，等待孩子，不求一时的速度与效率，不以当下的表现评判孩子，尊重每个孩子的个体差异，不担心输在起跑线上，才能赢在终点。"

他主张在面对孩子的缺点、错误时，父母不能简单打骂、斥责，而应该本着"支持与包容"的原则耐心与孩子沟通，让孩子认识到自己的问题；甚至有时放手让他们犯错，这样才能使孩子切身体会到错误的后果，从而自觉改正。这种教育理念与时下流行的正面管教理念不谋而合。

具体到孩子的教育上，我们说孩子应当"慢养"，但是在慢养孩子之前，妈妈首先应当"慢养"自己，放慢自己的脚步，放慢自己的期望，放慢自己的心态。关于如何"慢养"自己，妈妈需要明白以下几个道理：

1. 克服极度焦虑的心态

现实生活中，我们忙着工作，忙着生活，忙着应酬，在我们眼里，生活简直就是一场与时间的赛跑。连陪在我们身边的孩子，也被迫跟着我们一起去与时间赛跑。

我们一方面抱怨孩子不会自己穿鞋子、穿衣服，另一方面又嫌弃他磨磨蹭蹭，抱怨他穿衣服的速度实在太慢了，10 分钟的时间竟然连个纽扣也系不好。我们一方面告诉孩子自己的事情应该学着自己去做；另一方面，我们又像热锅上的蚂蚁一样焦虑不堪，生怕他一不小心摔倒了，磕伤了。

我们是极度焦虑的父母，一方面大度地说着孩子应该要"慢慢养"，要学会尊重孩子的成长规律；另一方面，我们又恨不能在孩子的脑门儿上安装一个"开关"，"啪"地一声按下去，孩子就学会自己吃饭，自己穿衣服，甚至一眨眼，孩子就变成了一个文质彬彬、人见人爱的完美孩子。

但天上没有掉馅饼的好事，"揠苗助长"的故事永远只能以悲剧来结尾。因此，从现在开始，妈妈必须要把握一条"慢养"的真谛——要想慢养孩子，妈妈首先应学会"慢养"自己。

台湾作家张文亮曾写过一首散文诗——《牵一只蜗牛去散步》，读完这首小诗，你可能会明白很多道理。

上帝给我一个任务，叫我牵一只蜗牛去散步。

我不能走太快，蜗牛已经尽力爬，为何每次总是那么一点点？

我催它，我唬它，我责备它，蜗牛用抱歉的目光看着我，仿佛在说："人家已经尽力了嘛！"

我拉它，我扯它，甚至想踢它，蜗牛受了伤，它流着汗，喘着气，继续往前爬……

真奇怪，为什么上帝叫我牵一只蜗牛去散步？

"上帝啊！为什么？"

天上一片安静。

"唉！也许上帝抓蜗牛去了！"

好吧！松手了！

上帝都不管了，我还管什么？让蜗牛往前爬，我在后面生闷气。

咦？我闻到花香，原来这边还有个花园，我感到微风，原来夜里的微风这么温柔。

慢着！我听到鸟叫，我听到虫鸣。

我看到满天的星斗多亮丽！

咦？我以前怎么没有这般细腻的体会？

我忽然想起来了，莫非我错了？是上帝叫一只蜗牛牵我去散步。

妈妈只有放慢自己的脚步，放松自己的心态，才能领略到别样的风景，看到孩子令人惊喜的一面。

2. 最该"慢养"的人，其实是妈妈

有一位年轻妈妈，有一个 2 岁多的女儿。这位妈妈从小生长在农村，上面有两个哥哥，重男轻女的父母从来没有重视过她的教育和学业，所以她初中毕业就来到大城市闯荡。因为没有学历，她吃过很多苦，做过服务员、营业员，直到后来碰到了同样白手起家、没有学历的丈夫，两个人在北京打拼多年，才逐渐安定下来。

这位妈妈说自己这辈子没有文化，出去做什么事情都很自卑，所以她和丈夫商量好了，要不惜一切代价给女儿创造一个良好的教育环境。她说自己舍不得花钱，省吃俭用攒了几万块钱，在小区附近给女儿报了一个早教班，她不希望自己的女儿输在起跑线上。

从这位妈妈的言谈举止中我们能感受到她身上特别强烈的焦虑感。其实，孩子就像一盆花，需要养料，也需要浇水，但用力过猛，往往会事与愿违，欲速则不达。

所以在"慢养"这方面，最该修炼的人其实是妈妈。修炼自己的心境，修炼自己的耐力，把孩子看成一朵需要自然生长的花朵，该浇水的时候浇水，该施肥的时候施肥，慢慢地看着他一点点长大，直到开出美丽的花朵来。

否则，你自己都焦虑得快要崩溃了，如何能培养出一个淡定、自信、乐观的孩子呢？因为你觉得自己为他付出了自己所能付出的一切，所以才会满心期待他也能倾尽所有，去迎合你那个沉甸甸的心愿。

然而，孩子终究不是"神"，他发觉自己再怎么努力，也终究没法成为你心中所期待的那个"神"，所以，成长对于他来说，就是一场与自卑赛跑的游戏。

与其让自己和孩子活得那么累，何不从现在开始，学着修身养性，该享受生活就享受生活，静静地陪着孩子一起成长呢。作为妈妈，你所能做的事情，就是给孩子提供适度成长的条件，至于孩子未来的道路要走向哪里，终归还是孩子自己的事情。

3. 别着急，"小蜗牛"正在慢慢长大

孩子的成长路程很复杂，很漫长，需要妈妈跟着他的成长步伐一起慢慢走。

当3岁的他，紧紧抱着自己的玩具，不愿意与小朋友分享时，请你蹲下来耐心地听听他的心声。2~3岁的孩子正处在自我认同的成长阶段，他会觉得："你的东西是你的，我的东西是我的，我为什么把自己的东西给你呢？"是的，玩具是他的，他应该有决定权，作为妈妈我们可以告诉他"分享是美好的"，但没有权力去强迫他交出自己的东西。

相信等他进入"关心期"的成长阶段，开始从自我的世界里走出来，学着关心别人的感受，并且期待建立自己的"人际关系圈"的时候，不用你教导和训斥，他也会主动拿出自己的东西，与别人一起分享。这个时候的他，才会真正明白"分享是快乐的"道理。

所以，面对2~3岁孩子的执拗，我们与其经常教育他"分享是快乐的"，不如遵从他自己的内心感受，让他决定自己是否要与别人一同分享。我们可以告诉他什么是正确的事情，但具体的主意还是应该由他自己来拿；我们尊重他的想法和意见，也给他充分的信任空间。我们始终相信，孩子会以自己的方式一点点努力地成长，不断成长为一个更加大度、温暖、有爱的孩子。

时刻想一想《牵一只蜗牛去散步》中的那句话吧，"上帝叫一只蜗牛牵我去散步。"好好地让那只"小蜗牛"牵着我们，四处去走走，领略2~3岁时他的自我，他的勇敢，他的随群，他的叛逆。陪着他，再重新回味一次成长的酸甜苦辣吧。